PEDAGOGÍA AL ESTILO DE JESÚS

LAS TÉCNICAS DEL MEJOR MAESTRO

JOSEPH A. ORTIZ MERCADO

e625.com

PEDAGOGÍA AL ESTILO DE JESÚS
e625 - 2024
Dallas, Texas
e625 ©2024 por **Joseph Ortiz Mercado**

Edición: **Maria Jose Hooft**
Diseño de portada e interior: **Nati Adami / Luvastudio**

ISBN: 978-1-954149-65-6

IMPRESO EN ESTADOS UNIDOS

CONTENIDO

Dedicatoria

Dedico este libro primeramente a Dios, sin Él nada de esto sería posible. Dios es mi máximo motor y la razón de mi existencia.

A mi esposa, por aceptar sin quejarse los tiempos que tuve que sacrificar para sentarme a escribir. Por apoyarme y motivarme siempre, cuando yo creía que no iba a lograrlo. Por ser mi ayuda idónea en cada proyecto que Dios pone en nuestras manos.

A todos los lectores, por creer en este libro. Espero que sea de edificación, así como emprender este viaje lo fue para mí.

Agradecimientos

A la editorial e625 por creer en este proyecto.

A los maestros y profesores que han caminado a mi lado, y que también me han enseñado lo que hoy soy capaz de plasmar en un libro.

INTRODUCCIÓN

Este libro pretende ser una guía para cada maestro cristiano que tiene el deseo de impactar la vida de sus estudiantes de la manera en que lo hizo Jesús. No importa si trabajas en escuela pública (del Estado) o en instituciones privadas, o bien tu experiencia enseñando sea en las escuelas bíblicas de tu iglesia, este libro tiene el deseo de ayudarte a dejar una huella en la vida de tus aprendices.

Mi compromiso es explicar cada tema de una manera sencilla, sin importar si llevas tiempo en la docencia o si apenas estás comenzando. Los que tenemos el oficio y hemos sido llamados a ser maestros y somos cristianos, necesitamos conocer la forma en que enseñó el mejor maestro de todos. Si sirves en la escuela bíblica, si eres pastor, o enseñas de vez en cuando, este libro también es para ti porque al fin y al cabo, todos los cristianos estamos en el rubro de la enseñanza de las verdades de Dios.

En algunas instituciones está prohibido hablar de Jesús o de Dios, pero es posible hacerlo de manera indirecta, mediante la forma en que tratas a tus estudiantes o enseñas preceptos espirituales con situaciones terrenales. Los cristianos no solo tenemos la Biblia para hablar de la obra de Dios, podemos hacerlo por medio del ejemplo y el poder de la obra redentora de Jesús en nuestra vida, además de ilustrar verdades con valores que son universales. Esto es lo que la Biblia afirma cuando dice: *"Los cielos declaran su justicia; todas las naciones contemplan su gloria"* (Salmos 97:6). Tu vida es parte de la creación de Dios; por lo tanto, tienes la capacidad de mostrar la obra redentora y creativa de nuestro Dios. Y además... tenemos la responsabilidad de hacerlo bien:

> *Hagan lo que hagan, háganlo bien, como si en vez de estar trabajando para amos terrenales estuvieran trabajando para el Señor. Recuerden que el Señor Jesucristo les dará la parte que les corresponde, pues él es el Señor a quien en realidad sirven ustedes* (Colosenses 3:23-24).

El impacto del que estamos hablando va más allá de las clases o de una instrucción bíblica aislada. Es una enseñanza que trasciende generaciones, que cambia la vida de los individuos. Es importante bajar a la práctica la definición de lo que es aprendizaje. Si eres maestro de escuela bíblica, probablemente no has recibido una capacitación formal sobre lo que es aprendizaje (lo sé porque he ayudado a varias iglesias a adiestrar a sus ministerios de maestros) y por eso deseo ayudarte a entender estos conceptos de una forma fácil, para que puedas aplicarlos en la tarea que Dios te ha delegado.

A través de mi experiencia y lo que he podido investigar, me he dado cuenta de que el proceso de aprendizaje que heredamos tiene que cambiar y mejorar. El aprendizaje como "el proceso de adquisición de experiencias vividas por una persona —en este caso, nuestros estudiantes— que luego provoca cambios en el comportamiento del aprendiz" debe ser analizado.

El ejemplo que me ha ayudado para tipificarlo es sencillo. Cuando éramos niños muchos de nosotros insertamos algo en el tomacorriente. En ese momento aprendimos que hacerlo era peligroso y que no había que repetirlo, debido al dolor que provocó la corriente eléctrica pasando por nuestro cuerpo. *Eso es* un proceso de aprendizaje. Las personas somos curiosas por naturaleza y esa es nuestra mayor virtud. El problema es que la escuela ha perdido la chispa para seguir incentivando la *curiosidad*, y veremos durante el transcurso de este libro que es una de las estrategias utilizadas por Jesús para enseñar. Para peor, muchos estaríamos de acuerdo en admitir que la iglesia también en muchos casos se ha encargado de matar la curiosidad de las personas.

El magisterio debe traducirse en ministerio. En la enseñanza de los aspectos espirituales tiene que aplicarse este concepto de aprendizaje; es decir, no solo la adquisición de conocimientos bíblicos, sino la puesta en práctica de la Palabra de Dios en nuestras vidas. El apóstol Juan en 1 Juan 2:3 hace la pregunta que inspiró este libro y a continuación da la respuesta: "¿Cómo podemos saber que conocemos a Dios? Si obedecemos sus mandamientos". Me refiero a que el conocimiento profundo de Dios viene cuando aplicamos la Palabra de Dios en el diario vivir. La propia Biblia habla de lo fundamental que es que el conocimiento teórico pase a la acción, así que nuestra función en el ministerio del magisterio es más compleja que solo depositar conocimiento en otros. El conocimiento debe producir acción (Santiago 1:22-25). El magisterio debe traducirse en ministerio.

Las enseñanzas de Jesús impactaron la historia porque Él no fue un teólogo o un académico teórico solamente. Jesús enseñó las verdades espirituales de tal forma que provocaba que sus discípulos pusieran por obra lo que habían aprendido. Así debe ser nuestra enseñanza: una que lleve a nuestros aprendices a aplicar la Palabra de Dios en sus vidas y no solo a tener información correcta.

JESÚS, EL MEJOR MAESTRO DE LA HISTORIA

Seas cristiano o no, no cabe duda de que Jesús ha sido un protagonista importante de la historia. Tanto es así, que la historia de occidente está dividida entre antes de Cristo y después de Cristo, un dato que no da lugar a dudas. Es incuestionable que existió un hombre real de la historia quien se llamó "Jesús" ya que sus hechos están narrados en escritos históricos, por ejemplo, por Flavio Josefo, un historiador judeorromano de la época.

Pero ¿qué hizo Jesús para marcar la vida de tantas personas? ¿Cómo su mensaje fue llevado a lugares que ni Él mismo había visitado personalmente? ¿Por qué más de 2000 años después el mundo sigue hablando de sus enseñanzas? Y la gran pregunta de este libro: ¿Qué estrategias pedagógicas usaba Jesús para impactar la vida de sus seguidores? Esta y las otras preguntas son las que deseamos responder en este libro, que no tiene por objetivo ser un estudio teológico exhaustivo, sino más bien un análisis desde el punto de vista educativo. Con esto me refiero a que me pondré en el rol de investigador para comparar las estrategias educativas usadas por Jesús y cómo contrastan o concuerdan con las teorías educativas que conocemos hoy en día. En el camino te daré ejemplos prácticos para desarrollar al máximo tu don de maestro o maestra, un don que Dios te ha dado para la edificación de su iglesia.

¿QUÉ ES UN MAESTRO?

El término "maestro" según la definición de la Real Academia Española, se aplica a aquella persona que se dedica a la enseñanza o que brinda enseñanza a través del ejemplo.

José Luis Navajo, uno de mis autores favoritos, establece que "maestro" viene del latín *magister*, que a su vez deriva de *magis* que significa "el que es más que el otro". Dicho de otra manera, un maestro es aquel que va más adelante de su aprendiz y que lo guía mediante el ejemplo. Decir que el maestro *es más que* su aprendiz, obviamente no intenta denotar superioridad, sino reflejar la idea de que sencillamente tenemos un poco más de experiencia que nuestros estudiantes. Si tú has sobrepasado una adversidad o tienes unas vivencias que otra persona está atravesando en este momento, ya tienes lo suficiente para ser docente, porque puedes guiarla por el camino que tú ya pasaste.

Una de mis escenas favoritas para entenderlo es remontarme al tiempo cuando nacieron las escuelas. Hasta ese entonces, un aprendiz caminaba con su maestro hasta que adquiría todas las competencias que su mentor podía brindarle; y recién luego, estaba listo para convertirse él mismo en maestro peri eso cambió cuando el sistema escolar cambió.

La idea de escuela (agrupar a los estudiantes en un lugar con el fin de aprender) había existido durante miles de años. La antigua Grecia consideraba que la educación en un "gimnasio" era esencial para el desarrollo infantil. La antigua Roma era famosa por su sistema de registrar a todos los niños como participantes e incluso la antigua India tenía el sistema educativo gurukul donde los estudiantes vivían, estudiaban y trabajaban cerca de un gurú. Sin embargo, algunos consideran que la "escuela" moderna fue inventada por Horace Mann, secretario de Educación de Massachusetts, a principios del siglo XIX. El nacimiento de las escuelas fue un avance increíble en el proceso de adquirir conocimientos debido a que se acortó considerablemente el tiempo que una persona promedio dedicaba a sus estudios, y, sobre todo, se estandarizó lo que se enseñaba. Pero no es menos cierto que estos avances trajeron consigo una desconexión con el proceso de enseñanza mediante el ejemplo.

Aunque la educación formal nos ha traído avances en un sinnúmero de situaciones, considero que en otros aspectos nos ha atrasado en cuanto a la destreza que el maestro debe adquirir para ser de ejemplo. En la mayoría de las ocasiones, el docente no ha tenido experiencia en el campo real de la profesión que enseña. No estoy diciendo bajo ningún concepto que está mal, sino que en algunas ocasiones es necesario volver a la raíz del proceso de aprendizaje: enseñar con el ejemplo.

El aprendizaje por imitación es uno de los más poderosos

El aprendizaje por imitación es uno de los más poderosos, de ahí que se desprenden los refranes: "los hijos imitan lo que ven en la casa" y "dime con quién andas y te diré quién eres" y otros por el estilo. El ser humano fue diseñado por Dios de esta forma;

casi todo el proceso de aprendizaje en los primeros años (de 0-5 años) ocurre mediante la imitación. La vida cristiana también se desarrolla de esta forma. En la iglesia tenemos personas que han pasado por distintas circunstancias y juntos podemos apoyar o enseñarles a otros cómo atravesar esa situación, porque nosotros ya lo hemos logrado.

Jesús como maestro

Es de conocimiento popular que Jesús llamó a doce discípulos o aprendices. *"Jesús los llamó: «Vengan, síganme, ¡y yo les enseñaré cómo pescar personas!». Y enseguida dejaron las redes y lo siguieron."* (Mateo 4:19-20).

Jesús llamó a sus discípulos *para enseñarles* y ¿qué les iba a enseñar? A pescar hombres, lo que implicaba un proceso de enseñanza y aprendizaje, aunque atención con algo, ya con esas palabras nos da una pauta de cómo Jesús arranca desde lo que ellos ya entienden y por eso usa la analogía de la pesca. La idea de Jesús era que sus discípulos (o aprendices) aprendieran y se formaran para ejercer una tarea nueva, pero comenzando desde lo que ya sabían hacer. Se podría escribir un libro entero sobre este aspecto. Mi intención es que juntos comprendamos que esta era la misión de Jesús para con sus discípulos —además de redimirlos—, y tuvo una duración de tres años, según la Biblia.

El segundo punto que podemos resaltar sobre la vida de Jesús como maestro es acerca de los distintos niveles que creaba entre sus aprendices. Jesús les enseñaba a las multitudes; quedó demostrado en sus muchas predicaciones. Sin embargo, también tenía a los doce apóstoles, a quienes no les enseñaba de la misma manera. Y, además, el Maestro tenía un grupo más íntimo de discípulos, que estaba compuesto por tres de ellos: Pedro, Jacobo y Juan.

"Seis días después, Jesús tomó a Pedro y a los dos hermanos, Santiago y Juan, y los llevó a una montaña alta para estar a solas." (Mateo 17:1). Aunque Jesús tenía doce discípulos, tenía la costumbre de destinar tiempo especial para estos tres. No sabemos las razones específicas por las que los seleccionó, pero podemos hacer un estudio más profundo para descubrir algunas características de la personalidad de Pedro, Jacobo y Juan.

Pedro, el discípulo impulsivo

El primer seleccionado fue Pedro, cuya descripción es muy evidente en los evangelios. Pedro era impulsivo, colérico e impetuoso. Esto lo vemos en tres de los sucesos que marcaron su vida. Se muestra como una persona *impulsiva*, que procede sin ningún tipo de cautela o meditación; es decir, actuaba y luego pensaba lo que había hecho. También era *colérico*, rápido para enojarse. Y la última característica de su personalidad, era *impetuoso*, en varias ocasiones actuó de forma violenta.

1. Jesús camina sobre el agua y Pedro le pide ir donde Él. *"Entonces Pedro lo llamó: —Señor, si realmente eres tú, ordéname que vaya hacia ti caminando sobre el agua."* (Mateo 14:28).

Muchos conocen el final de la historia: Pedro perdió la mirada de Jesús y comenzó a mirar la tormenta y se hundió. Fue impulsivo al no esperar la enseñanza de Jesús, sino que rápido quiso ir donde estaba el Maestro. Esta impulsividad le ayudó a entender el concepto de fe y lo importante que es mantener los ojos puestos en Jesús, quién lo llamó a caminar por las aguas en primer lugar.

2. Otro momento en el cual sabemos que Pedro fue impulsivo fue cuando Jesús estaba hablando de su muerte. La reacción de Pedro quedó registrada en Mateo 16:22-23:

Entonces Pedro lo llevó aparte y comenzó a reprenderlo[a] por decir semejantes cosas.

—¡Dios nos libre, Señor!—dijo—. Eso jamás te sucederá a ti.

Jesús se dirigió a Pedro y le dijo:

—¡Aléjate de mí, Satanás! Representas una trampa peligrosa para mí. Ves las cosas solamente desde el punto de vista humano, no desde el punto de vista de Dios.

El pasaje narra que Pedro reprendió a Jesús por lo que estaba diciendo, y en respuesta Jesús lo amonestó a él. Aquí vemos lo intempestivo de su reacción, y cómo dejó que su humanidad nublara su entendimiento y, en consecuencia, no pudiera ver los planes del Reino de Dios en la tierra. Hoy es fácil juzgar a Pedro por su comportamiento en esta escena, pero debió haber sentido mucha impotencia de que su Maestro fuera a pasar por todo esto sin que él pudiera hacer nada para detenerlo. Al igual que Pedro, nosotros también a veces dejamos que nuestra humanidad y emociones nublen nuestro entendimiento sobre los planes de Dios.

3. El tercer incidente de impulsividad de Pedro que podemos citar es el momento en que Jesús le dice que antes de que cante el gallo lo habría negado tres veces. Mateo 26:31-35 relata:

"En el camino, Jesús les dijo: «Esta noche, todos ustedes me abandonarán, porque las Escrituras dicen:

"Dios golpeará al Pastor, y las ovejas del rebaño se dispersarán".

Sin embargo, después de ser levantado de los muertos, iré delante de ustedes a Galilea y allí los veré».

Pedro declaró:

—Aunque todos te abandonen, yo jamás te abandonaré.

Jesús respondió

—Te digo la verdad, Pedro: esta misma noche, antes de que cante el gallo, negarás tres veces que me conoces.

—¡No!—insistió Pedro—. Aunque tenga que morir contigo, ¡jamás te negaré!

Y los demás discípulos juraron lo mismo.

Nuestra reacción humana frente a algún estudiante que regularmente nos da problemas sería desecharlo o ignorarlo

No intento desvalorizar la conducta de Pedro en absoluto. Es probable que tengas en tu salón de clases a un estudiante con características similares: impulsivo, colérico o impetuoso, que no considera las consecuencias de sus actos. ¿Qué hizo Jesús con este aprendiz? Él le dio nuevas oportunidades a la vez de que lo corrigió para que aprendiera mejor, cuando nuestra reacción humana frente a algún estudiante que regularmente nos da problemas sería desecharlo o ignorarlo.

Para los que conocen la historia completa, saben lo importante que fue Pedro para el cristianismo, luego de que Jesús ascendiera al cielo. Los estudiantes que nos dan más problemas pueden llegar a ser aquellos que con la debida atención de nuestra parte podrán crear un impacto positivo en nuestra sociedad. Yo he sido testigo de esto, tanto en mi salón, en la academia, como en la iglesia.

Juan y Jacobo, hijos del trueno

Los otros dos aprendices que Jesús tuvo más cerca fueron Jacobo y Juan. A estos dos hermanos Jesús lo bautizó como "hijos del trueno". Dice Marcos 3:17, *"Santiago y Juan (los hijos de Zebedeo, a quienes Jesús apodó «hijos del trueno»"*.

En una ocasión su madre le pidió a Jesús que una vez ellos llegaran al cielo, les concediera el privilegio de sentarse uno a un lado y el otro al otro lado. "¿Qué quieres? —le preguntó Jesús. —Quiero que cuando establezcas tu reino, mis dos hijos se sienten junto a ti en el trono, uno a tu derecha y el otro a tu izquierda" (Mateo 20:21).

¿Por qué Jesús les puso este apodo a Juan y Jacobo? La historia más conocida de estos hermanos se encuentra en Lucas 10:51-55:

Cuando se acercaba el tiempo de ascender al cielo, Jesús salió con determinación hacia Jerusalén. Envió mensajeros

JESÚS, EL MEJOR MAESTRO DE LA HISTORIA

por delante a una aldea de Samaria para que se hicieran los preparativos para su llegada, pero los habitantes de la aldea no recibieron a Jesús porque iba camino a Jerusalén. Cuando Santiago y Juan vieron eso, le dijeron a Jesús: «Señor, ¿quieres que hagamos bajar fuego del cielo para que los consuma?». Entonces Jesús se volvió a ellos y los reprendió.

Jesús no tuvo problemas con reprender a sus discípulos ante una conducta incorrecta. La reprensión es parte del aprendizaje.

Ver a nuestros estudiantes como Dios los ve

Al analizar a este pequeño grupo que Jesús tenía cerca de Él, vemos que no eran los de mejor conducta ni los que aplicaban las enseñanzas del Maestro de forma rápida y sin ningún problema. Jesús tenía cerca a los discípulos que más le daban problemas (con excepción de Judas). Si nosotros como maestros pudiéramos elegir a nuestros estudiantes, ninguno de nosotros escogeríamos a este grupo de doce. Sin embargo, Jesús miró más allá, miró el plan de Dios para la vida de ellos. Los maestros debemos ser capaces de ver el plan de Dios en la vida de nuestros estudiantes; no lo que son ahora, sino lo que Dios quiere hacer en ellos. Nosotros somos el instrumento que Dios usa para formar a su Iglesia hacia su plan.

Muchas veces, como seres humanos, queremos tener cerca al estudiante más estudioso, que no nos da problemas, que pone en práctica las enseñanzas que le damos. Claro, esa es nuestra humanidad, porque es más fácil trabajar con ese tipo de alumno. No obstante, Jesús tuvo más cerca a los problemáticos, a los que de seguro ningún maestro aceptaría dentro de su grupo íntimo. Esos mismos discípulos de Jesús se convirtieron luego en "este Pedro", a través del cual por su primera predicación se convirtieron tres mil personas, y quien luego fue autor de dos cartas que componen los libros del Nuevo Testamento. En "este Juan", al que Dios le dio la revelación del Apocalipsis, además de ser autor del libro del Evangelio según Juan, y de otras tres cartas. En "este Jacobo", que estuvo dispuesto a ser arrestado y martirizado por el rey Herodes (Hechos 12:2).

Es notable el impacto que tuvieron, pero no podemos descartar también los acontecimientos que presenciaron. Sin lugar a duda, uno los más importantes fue la transfiguración de nuestro Señor Jesucristo, un hecho que tuvo que haberles cambiado la vida y el ministerio. En el evangelio de Lucas 9:28-36 leemos:

Más o menos ocho días después de haber dicho esto, Jesús, acompañado de Pedro, Juan y Jacobo subió a una montaña para orar. Mientras oraba, su cara cambió y su ropa se volvió blanca y brillante. Entonces aparecieron dos hombres: eran Moisés y Elías que conversaban con Jesús. Estaban rodeados de gloria, y hablaban de la partida de Jesús, que iba a ocurrir en Jerusalén. Pedro y sus compañeros se habían quedado dormidos, rendidos por el cansancio. Pero cuando despertaron, vieron su gloria y a los dos hombres que estaban con él. Mientras estos hombres se alejaban de Jesús. Pedro dijo:

—Maestro, ¡qué bueno que estemos aquí! Podemos construir tres chozas: una para ti, otra para Moisés y otra para Elías.

Pero él no sabía lo que decía.

No habían terminado de hablar cuando apareció una nube que los envolvió y ellos se llenaron de miedo. De la nube salió una voz que dijo "Este es mi Hijo, al que escogí. Escúchenlo".

Después que se oyó la voz, Jesús se quedó solo.

Los discípulos por algún tiempo no le dijeron nada a nadie de lo que habían visto.

Todos podemos estar de acuerdo en que esta experiencia que tuvieron Juan, Jacobo y Pedro fue impresionante. ¿Qué atributos tenían estos tres discípulos para que Jesús los escogiera para presenciar tal acontecimiento? Ninguno, solo era necesario para que se cumpliera el plan de Dios en sus vidas. De igual modo, nosotros también debemos ser capaces de hacer lo necesario para se cumpla el plan de Dios en nuestros aprendices.

Dios puede usar tu vida

No desprecies a ningún estudiante solo por ser el problemático; muchas veces esos son los que luego se destacan más.

Los docentes somos una pieza fundamental en el desarrollo de los nuevos —y los no tan nuevos— creyentes En mi propia historia yo era el que nunca se callaba en clase, que molestaba a la maestra, y hoy estoy muy agradecido hasta dónde la paciencia de mis maestros me ha llevado. Mi pasión por la lectura, la escritura y la educación nació por ellos. De otro modo, yo no sería ni director ni profesor ni escritor. Asimismo, mis maestros en la iglesia me llevaron a conocer más a Jesús y crearon en mí una pasión por Él. Los docentes somos una pieza fundamental en el desarrollo de los nuevos —y los no tan nuevos— creyentes, porque recuerda que para ser maestro solo debes estar un poco más adelantado que las personas a quienes vas a enseñarles.

Al mismo tiempo, utilizar una estructura de mentoría como la que usó Jesús ayuda mucho a desarrollar líderes. Seleccionemos estudiantes que nos ayuden en la gestión como docentes, que incluya a esos que están más rezagados. Esto nos permitirá desarrollar el liderazgo de ese aprendiz en particular y de todos los demás. Lo ideal es que cada cierto tiempo los alternemos, para que todos puedan en algún momento ayudar a otros. Y siempre vamos a encontrar esa área o habilidad en la que cada uno es bueno o se destaca. Todos los estudiantes tienen fortalezas; nuestro reto como maestros es identificarlas y llevarlas a su máxima expresión.

Todos los estudiantes tienen fortalezas; nuestro reto como maestros es identificarlas y llevarlas a su máxima expresión.

¿Cómo podemos trabajar el programa de mentoría en nuestras clases? Pongamos un ejemplo, un estudiante llamado Andrés se muestra un poco inquieto, pero cuando observas con más detenimiento te das cuenta de que el estudiante domina el material que estás enseñando, una buena práctica es pedirle a Andrés que ayude a Marcos (otro estudiante que se encuentra un poco rezagado), para que pueda comprender el material que estás enseñando. Si implementamos bien esto, tendrás ahora a Marcos que te podrá ayudar con otro estudiante. Desarrollar programas de mentoría en nuestras aulas permite que tanto el estudiante atrasado, como aquel que está adelantado puedan aprender. Además, se ha demostrado que mientras enseñamos, retenemos más información que cuando simplemente leemos, y esto significaría un beneficio para quienes participan en estos programas.[1]

La vida de Jesús como maestro demuestra que se puede llevar a un grupo de jóvenes a la excelencia. Jesús confiaba tanto en sus aprendices que luego les delegó la responsabilidad de enseñarles a otros lo que ellos habían aprendido y al mirar a Jesús con esos discípulos salta a la luz que la tarea de ningún maestro produce siempre resultados perfectos porque los aprendices tienen que muchas veces cometer errores para aprender.

Siempre habrá estudiantes que no adquieran las enseñanzas y se descarríen, pero debemos invertir nuestra energía a pleno y darlo todo por el bien de ellos, como lo hizo Jesús.

Por todo esto, este no es un libro para que leas y digas al final, "oye ¡qué lindo!", sino para que puedas tomar acción y mejorar tu ejemplo y técnicas de enseñanza. En lo personal, yo he sido confrontado con muchos de los aspectos que encontrarás en este libro, y si yo he podido mejorar, todos podemos hacerlo.

Al mirar a Jesús, te das cuenta de que Jesús no solo empleó estrategias de enseñanzas efectivas, sino que tuvo el carácter magisterial correcto y por esa razón este libro está dividido en dos áreas:

1. El corazón de Jesús para enseñar

---

1 Universia (2020).

PEDAGOGÍA AL ESTILO DE JESÚS

2. Las estrategias que usó.

En la primera sección abordaremos el carácter de un maestro y en la segunda parte veremos las metodologías y cómo nosotros podemos aplicarlas (ya sea en una sala de clases o en los ministerios de nuestra iglesia).

PARTE I

EL CORAZON DE JESÚS COMO MAESTRO

CAPÍTULO 1

JESÚS EDUCÓ CON RESPONSABILIDAD

Jesús fue un maestro responsable. Tomó la tarea de educar intencional y concienzudamente a sus discípulos y a las multitudes. Pero ¿qué conlleva educar de forma responsable? Según la Real Academia Española (RAE) el término 'responsabilidad' se define como la "capacidad existente en todo sujeto activo de derecho para reconocer y aceptar las consecuencias de un hecho realizado libremente".

Explicado de forma sencilla, el proceso de educar con responsabilidad es hacerlo de tal manera que podamos reconocer las consecuencias de hacerlo correctamente. Uno de los dilemas que me inquietaba mucho cuando comencé a educar era si lo estaba haciendo bien, porque no quería albergar la idea de que mis estudiantes, una vez que terminaran su aprendizaje conmigo, no pudieran tener éxito en sus vidas académicas y profesionales.

La razón del miedo se debía a dos principales factores: por un lado, era muy joven ya que me inicié como maestro a la edad de veintidós años y en ese momento no me sentía con la capacidad de enseñar. Por el otro, no había estudiado para ser maestro: llegué a ser docente por circunstancias extrañas. Había estudiado psicología y tenía conocimientos de teatro, y en la iglesia a la cual asistía necesitaban un maestro con estos conocimientos, así que me ofrecieron la oportunidad. Luego decidí emprender mis estudios profesionales en educación, porque sabía que si Dios me había llamado al magisterio, tenía que hacerlo con responsabilidad y con la certeza de que lo estaba haciendo bien.

Soy muy creyente del proceso de capacitación, tanto formal, en universidades y escuelas, como no formal, a través de cursos en línea, libros, seminarios, etc. Junto a mi esposa administramos una iglesia-escuela en Puerto Rico. Para que entiendas, en mi país estas instituciones son colegios, pero funcionan como un ministerio de las iglesias. Allí enseñamos las materias básicas (como Historia, Geografía, Matemáticas). Todo se hace con un enfoque evangelístico y con el propósito de que los estudiantes tengan una relación directa con el Padre, y no solo a través de mi relación, la de mi esposa o la de sus maestros. Es interesante ver cómo niños, preadolescentes, adolescentes y jóvenes [en adelante, "las nuevas generaciones"] les predican a sus pares. No subestimemos lo que Dios quiere hacer con ellos.

Hechos 2:17 (NBV) dice: *"En los postreros días —dijo Dios—, derramaré mi Espíritu sobre toda la humanidad, y sus hijos e hijas profetizarán, sus jóvenes verán visiones y sus viejos soñarán sueños".*

Dios tiene un plan para las nuevas generaciones, y en especial en estos últimos tiempos. Por lo tanto, nuestra responsabilidad como maestros va más allá de depositarles conocimientos. Debemos enseñarles a tener una relación con Dios y a que lo conozcan de una forma personal.

Jesús fue responsable

A través del ministerio podemos observar la responsabilidad de Jesús, quien hizo todo con dedicación y entrega. Creo que uno de los momentos más increíbles en los cuales Jesús demostró la importancia de ser responsable, fue justo a horas de la crucifixión: *"Luego, acompañado por sus discípulos, Jesús salió del cuarto en el piso de arriba y, como de costumbre, fue al monte de los Olivos. Allí les dijo: «Oren para que no cedan a la tentación».* (Lucas 22:39-40).

Esta es una de las escenas que me llama mucho la atención. Jesús podía subir al monte de los Olivos y pasar por este momento tan doloroso en soledad, sin embargo, decidió llevarse a sus discípulos. ¿Qué quería hacer Jesús? Quería enseñarles la importancia de la oración en los momentos difíciles.

Nuestra responsabilidad al enseñar

Ser maestro es una responsabilidad que cargamos sobre nuestros hombros, sea esta nuestra profesión o nuestra tarea dentro de la iglesia. Me gustaría que a través de este capítulo entiendas que el ministerio generacional que Dios te ha dado conlleva una responsabilidad mayor. ¿Estamos seguros de que lo esta mos haciendo responsablemente? Los que somos maestros de profesión tenemos varias responsabilidades:

El ministerio generacional que Dios te ha dado conlleva una responsabilidad mayor.

1. **Asegurarnos de que los estudiantes aprendan la materia que estamos enseñando:** en mi caso enseño español, entonces siento la responsabilidad de asegurarme de que cuando los estudiantes salgan de mi sala de clases, dominarán las destrezas necesarias del grado que cursan. Ser maestro en la actualidad es un reto, pero cada día me levanto pensando en dar una milla extra para que mis alumnos tengan dominio de las competencias acordes a su grado.

2. **Ser ejemplo:** los maestros cristianos no podemos separar ni compartimentar nuestra vida. Ser maestro no es el trabajo "secular", es toda nuestra vida. No somos maestros cristianos, somos cristianos y además, maestros. Primero somos cristianos, y luego, maestros, por lo tanto, no puede existir una dicotomía entre los dos llamados. Aunque trabajemos para el gobierno y en el país donde ejerzamos no nos dejen hablar de Jesús en las clases, nuestra vida debe ser un ejemplo para que los estudiantes vean el evangelio a través de nosotros.

¿Estamos mostrando las características de Dios? Si los demás nos ven, ¿pueden ver a Dios?

Debemos preguntarnos: ¿Estamos mostrando las características de Dios? Si los demás nos ven, ¿pueden ver a Dios? En muchas ocasiones el único evangelio que leerán será nuestra propia vida.

Esto aplica especialmente para los maestros de escuela dominical. Los estudiantes no solo esperan que nosotros les enseñemos, sino que también seamos ejemplo de lo que predicamos. Los maestros de escuela bíblica tienen un reto mayor, debido a que enseñan lo que la Biblia dice, por lo tanto, los estudiantes van a estar más pendientes de que vivamos lo que predicamos. No se ve tanto en las escuelas debido a que allí no enseñamos Biblia, a menos que estemos dando clases en un colegio cristiano. Por lo tanto, a menos que digamos que somos cristianos, los estudiantes no tendrán expectativas ni asociarán nuestro comportamiento con Dios. Sin embargo, los cristianos que somos maestros tenemos la responsabilidad de representar a Dios en lo que enseñamos. Si somos maestros en nuestra iglesia, debemos ser ejemplo, tema que abordaremos más adelante.

3. Enseñar la Palabra de Dios: el ministerio del maestro no puede basarse en enseñar solo aquellas cosas que nos conviene o creemos que son correctas. Nuestra responsabilidad en la iglesia es enseñar la Palabra de Dios tal y cual es, sin alteración y libre de interpretaciones personales. Es por eso que los maestros debemos prepararnos, estudiado el tema, porque no debemos olvidar que lo que enseñamos debe ser edificación a los demás. Por otro lado, las enseñanzas recibidas en la niñez se convierten en los fundamentos para el desarrollo de la vida adulta. Muchos maestros subestiman la capacidad de los niños y en los currículos se limitan solo a las historias de la Biblia, sin entrar en las profundidades de las enseñanzas espirituales por miedo a que los estudiantes no las entiendan. Mi convicción es que como maestros debemos enseñar verdades bíblicas profundas y también guiarlos a estudiar la Palabra por ellos mismos, de acuerdo con su madurez y no tanto con la edad que tienen. La Biblia lo enseña de otra manera en Proverbios 22:6: *"Dirige a tus hijos por el camino correcto, y cuando sean mayores, no lo abandonarán".*

El maestro de escuela bíblica no solo debe enseñar lo que sabe, sino también cómo el niño puede aprender por sí mismo a tener una relación personal con Jesús.

Si somos maestros de escuela, no podemos olvidar que somos cristianos y, por ende, debemos enseñar la Palabra de Dios con nuestras vidas, que será lo más cercano que la mayoría de las personas tendrán al evangelio.

4. Prepararnos bien: muchas veces les pedimos a nuestros estudiantes que sean responsables, que lleguen a nuestras clases con sus tareas realizadas, dispuestos a aprender. Sin embargo, nosotros nos damos el lujo de llegar de vez en cuando a nuestras clases sin prepararnos y sin la mentalidad correcta para llevarles la enseñanza a nuestros estudiantes. Lo planteo para que sirva de autoanálisis, como intento hacerlo en mi propia vida, y no como una crítica.

Les confieso que en ocasiones llegué a mis clases sin preparación. En esos momentos, trataba de improvisar, pero ¿sabes qué? Muchas veces, los estudiantes se dan cuenta de que no estamos preparados o de que "algo" no está funcionando bien en la clase. Y lo peor es que lo sabemos y no nos sentimos bien tampoco. Seguramente, en esos momentos estaremos más hostiles con ellos, porque nuestra irresponsabilidad también les afectará.

Si Dios te ha llamado al magisterio te recomiendo firmemente que te capacites. Si Dios te ha llamado al magisterio y llegaste a ser maestro, así como yo, de forma extraordinaria, te recomiendo firmemente que te capacites. Dios te llama y te pone en lugares, pero también deberás tomar el proceso de capacitación con seriedad. Cada día debemos ser mejores maestros, y sé que tú te lo tomas en serio porque estás leyendo este libro.

El ejemplo de Jesús

Ya vimos que como maestros se nos ha dado un alto honor y debemos ser responsables al ejercerlo. Ahora veamos la forma en que Jesús aplicó la responsabilidad en su proceso de aprendizaje.

1. Jesús nos dio su ejemplo: *"Les di mi ejemplo para que lo sigan. Hagan lo mismo que yo he hecho con ustedes.* (Juan 13:15). Una de las historias que más recuerdo cuando pienso en la responsabilidad y la preparación de Jesús, es el momento en el cual, con tan solo doce años, Él estaba debatiendo con expertos en la Ley. Jesús estudiaba, se capacitaba. Estuvo desde su niñez preparándose para lo que sabía que era su llamado. No estoy diciendo que si no nos preparamos desde la niñez para ser maestros no deberíamos serlo, sino que una vez que hayamos asumido el rol como docentes, es importante que estudiemos y nos preparemos. Del proceso anterior a que Jesús comenzara su ministerio conocemos muy poco. Pero hay un versículo que demuestra que Jesús se estaba preparando.

Lucas 2:46-47 dice: *"Tres días después, por fin lo encontraron en el templo, sentado entre los maestros religiosos, escuchándolos y haciéndoles preguntas. Todos los que lo oían quedaban asombrados de su entendimiento y de sus respuestas".*

Los versículos nos demuestran lo interesado que estaba Jesús en aprender. Y aunque la Biblia no registra otro acontecimiento como este, podemos especular que no fue el único momento en el cual Jesús estuvo aprendiendo. El pasaje anterior termina: *"Jesús crecía en sabiduría y en estatura, y en el favor de Dios y de toda la gente."*(Lucas 2:52).

Este versículo demuestra que Jesús veía como una prioridad crecer en la sabiduría, concepto que Salomón, el hombre más sabio de la historia, definió magistralmente: *"Lo primero que hay que hacer para empezar a ser sabios, es honrar al Señor. Sólo los necios desprecian la sabiduría y la disciplina"* (Proverbios 1:7).

Hay una frase anónima que dice que "todo buen maestro es un buen aprendiz". Como maestros tenemos que enseñarles responsabilidad a nuestros estudiantes mediante nuestro ejemplo. Así como Jesús se preocupaba por crecer en la sabiduría en su ministerio terrenal, también nosotros debemos hacerlo para ser efectivos e intencionales en nuestro ministerio generacional.

2. Jesús era humilde y tierno de corazón: para educar con responsabilidad es necesario ser humildes, porque debemos tener la capacidad de conectar con nuestros estudiantes. Recordemos que la responsabilidad implica reconocer la importancia de

La responsabilidad implica reconocer la importancia de las consecuencias de nuestra enseñanza.

las consecuencias de nuestra enseñanza. Un alumno no puede aprender si su maestro no está atento y no le presta atención.

El Señor dijo: *"Pónganse mi yugo. Déjenme enseñarles, porque yo soy humilde y tierno de corazón, y encontrarán descanso para el alma. Pues mi yugo es fácil de llevar y la carga que les doy es liviana»."* (Mateo 11:29-30). Enseñar desde la humildad nos ayuda a ser empáticos.

Estoy seguro de que, si supieras que vas a morir y tienes una última oportunidad para compartir con tus estudiantes, en ese momento le darías esas enseñanzas que consideras más importante; mira lo que dijo Jesús en la última cena con sus discípulos:

Jesús les dijo: «En este mundo, los reyes y los grandes hombres tratan a su pueblo con prepotencia; sin embargo, son llamados "amigos del pueblo". Pero entre ustedes será diferente. El más importante de ustedes deberá tomar el puesto más bajo, y el líder debe ser como un sirviente. ¿Quién es más importante: el que se sienta a la mesa o el que la sirve? El que se sienta a la mesa, por supuesto. ¡Pero en este caso no!, pues yo estoy entre ustedes como uno que sirve. (Lucas 22:25-27).

PEDAGOGÍA AL ESTILO DE JESÚS

Así como este hay muchos ejemplos en los cuales Jesús, siendo el Dios del universo, mostró su humildad y también enseñó de manera reiterada que la forma de ser el más grande en la tierra es a través del servicio.

Las personas se quedaban maravilladas al escuchar las enseñanzas de Jesús, debido a la humildad o la gracia con la que enseñaba. En Lucas 4:22:

> *Todos se expresaban bien de él y estaban admirados **por las hermosas palabras** que él hablaba. Estaban intrigados y se preguntaban: ¿No es este el hijo de José? (NBV)* (énfasis añadido).[1]

La frase "por las hermosas palabras" también puede traducirse como gracia, don, benevolencia, amor, gratitud, amabilidad y buena actitud. A su vez, algunos de estos atributos son producto de la humildad, que podemos definir como: "Ausencia de orgullo o arrogancia. También: Gentileza; Humilde; Humillarse; Mansedumbre".[1] Lo cual nos permite afirmar que las personas estaban maravilladas porque Jesús enseñaba con humildad.

Este concepto también implica ponernos en los zapatos de nuestros estudiantes. Cuando Jesús realizó el milagro de alimentación a las 5.000 personas, fue empático. Analicemos Mateo 14:15 (NBV):

> *Al atardecer, los discípulos se le acercaron y le dijeron: —Ya pasó la hora de la cena y aquí en el desierto no hay nada que comer. Despide a la gente para que vaya por los pueblos a comprar alimentos.*

---

1 *Estudio bíblico Logos Enciclopedia bíblica* (Versión 31.3) [Programas de computadora; Estudio bíblico Logos]. Faithlife, LLC.

En esta narración vemos que Jesús pudo haber considerado una opción más viable para la muchedumbre: "Envíalos para que compren comida". En ese caso, las personas que se encontraban allí saldrían a ver dónde comprarla, lo cual hubiera sido muy complicado en aquellas ciudades, ya que segun la biblia eran cinco mil un numero demasiado grande para los mercados de la zona. Ademas, los estudiosos afirman que en realidad eran más personas, porque en aquel momento se contaban solo los hombres, así que, si añadimos a los niños y a las mujeres, tenemos un serio problema.

Entonces, nos convoca a hacernos otra pregunta: ¿todas las personas que estaban escuchando a Jesús tendrían el dinero para pagar su comida, la de sus hijos y la de las mujeres? Por lo que sabemos, a Jesús también lo seguían muchos pobres, así que, de seguro, en aquella multitud había personas que no tenían dinero.

Sin embargo, Jesús tuvo otra idea, una segunda opción. "Vamos a darles de comer", de esta forma todos podrían comer, y no tendrían que moverse para comprar. Además, eso le permitía a Jesús seguir enseñándoles, porque la Escritura no afirma que la multitud quisiera irse. Podríamos especular que la gente quería seguir escuchando a Jesús. Así, en este relato vemos cómo Jesús se colocó en el lugar de sus seguidores, de sus estudiantes.

En una ocasión, un grupo de maestros en una conferencia me preguntó, "Joseph, ¿en dónde está el límite entre ser empático y ser permisivo?", a lo que respondí: "Cuando nos cuestionamos si lo que estamos haciendo es ser permisivos, entonces hemos perdido la empatía".

No estoy diciendo que debemos permitir que nuestros estudiantes nos entreguen las tareas tarde, o que inventen excusas; a lo que me refiero es que debemos entender las situaciones particulares de cada estudiante y de sus familias. Cuando doy conferencias en iglesias-escuela (escuelas cristianas) siempre digo: "Cuando no sabes qué hacer en una situación particular, debes preguntarte '¿Qué haría Jesús?'".

La empatía es la capacidad que tenemos para identificarnos con los demás. Jesús tuvo ese balance entre ser una persona empática y a la vez estricta cuando debía serlo. Eso es lo que significa ser una persona humilde y tierna de corazón.

Hace un tiempo, era muy obsesivo con la puntualidad de los trabajos de mis estudiantes —y aún lo sigo siendo— pero tengo que entender que existen situaciones que pueden llevar a que un estudiante no siempre sea puntual.

Ya sabes, muchas veces los estudiantes inventan también sus historias. Cuando me toca un caso así yo les digo que Dios sabe la verdad y que a la larga todo sale a luz, y si me entero de que fue un invento habrá consecuencias. Así que en este último tiempo he aprendido a colocarme en el lugar de mis estudiantes. En la universidad, les digo siempre a mis estudiantes que yo recuerdo mis tiempos siendo alumno, y sé que muchos de nosotros tenemos varias actividades, estudiamos, trabajamos, algunos se hacen cargo de sus padres o familiares, así que entiendo que de vez en cuando no se pueda entregar un trabajo a tiempo.

Como docentes tenemos que entender que pueden ocurrir un sinnúmero de situaciones que están fuera del control de los estudiantes y de sus padres.

A los docentes, en ocasiones, nos pasa lo mismo que a los padres. Se nos olvida que alguna vez estuvimos del otro lado. Un padre que es inflexiblemente estricto con su hijo en la adolescencia seguramente olvida que él también fue adolescente y que le dio dolores de cabeza a sus padres. A los maestros a veces nos pasa lo mismo.

Jesús fue un maestro responsable en todo el significado de la palabra. Nuestro Maestro se preparó para ofrecer siempre una enseñanza de calidad a sus discípulos y que dicha enseñanza los dirigiera al Padre. Además, Él reconoció las consecuencias que conlleva no hacer bien el trabajo, la peor de las cuales es que las personas se alejen de Dios en lugar de acercarse a Él. Debes estar convencido de que el magisterio es un ministerio

Debes estar convencido de que el magisterio es un ministerio y eres el instrumento que puede acercar tus estudiantes a Dios o alejarlos de Él.

CAPÍTULO 2

JESÚS EDUCÓ CON FLEXIBILIDAD

Hablar de flexibilidad es uno de los temas que más me cuestan, porque no me considero una persona particularmente flexible; sin embargo, algo que me ha ayudado mucho es entender que ser flexibles no es lo mismo que ser improvisados.

Jesús fue flexible pero no improvisado. Jesús fue flexible pero no improvisado. Al estudiar la cronología de Jesús, se hace evidente que debió tener un plan para todo lo que hacía, incluso para aquellas cosas que podrían llegar a parecernos improvisadas cuando las vemos aisladamente. Cuando elaboramos un panorama completo de los evangelios, sale a la luz que todo forma parte de un gran plan maestro.

¿Qué significa ser flexible?

El diccionario nos ayudará a entender mejor este concepto. La palabra "flexible" tiene varias definiciones según el RAE, y considero que la mayoría merecen nuestra reflexión.

1. Que tiene disposición para doblarse.

2. Que se adapta con facilidad a la opinión, a la voluntad o a la actitud de otros.

3. Que no se sujeta a las normas estrictas, a dogmas o a trabas.

4. Susceptible de cambios o variaciones según las circunstancias o necesidades.

Aunque el diccionario menciona algunas definiciones adicionales, con esas cuatro nos basta. Es interesante lo que el propio término significa: algo que tiene la capacidad de adaptarse, no sujetarse a normas o ser susceptible a los cambios.

El ejemplo más claro para mostrar lo flexible que fue Jesús en su ministerio es la Mujer Samaritana. En Juan 4:3-4 (RVR1960) dice: *"...salió de Judea, y se fue otra vez a Galilea. Y le era necesario pasar por Samaria"* [énfasis añadido].

El plan de los discípulos era ir a Galilea. Sin embargo, Jesús tenía planes distintos a los de ellos. Los judíos evitaban pasar por Samaria, aunque era la ruta más directa para llegar a Galilea, porque no se llevaban bien con los samaritanos. Pero para Jesús era necesario pasar por Samaria, más allá de lo que sus discípulos pensaran sobre sus habitantes, porque necesitaba pasar por allí para reconciliar a esta mujer con Dios. Y no solo fue allí a perdonar a la mujer samaritana, sino que también les enseñó a sus discípulos sobre la adoración y nos dejó a nosotros una lección acerca de problemas étnicos, políticos y raciales.

Como maestros debemos tener la capacidad de ser flexibles, de estar dispuestos a realizar cambios. Yo creo profundamente que es importante planificar, pero el plan nunca debe estar por encima del propósito. ¿Cuál es el propósito de la educación? Dirigir a los estudiantes y prepararlos para el futuro. Por lo tanto, cuando la organización es más importante que el propósito tenemos un problema. Jesús pudo cambiar el plan de los discípulos para ganar a esta mujer para el Reino.

Al momento de escribir estas líneas estaba comenzando la guerra entre Rusia y Ucrania, y aunque tenía una planificación para una clase, era inevitable que mis estudiantes me preguntaran sobre lo que estaba pasando (porque para bien o para mal, los maestros seguimos siendo la primera fuente de información para nuestros estudiantes y en especial aquellos que trabajamos con los primeros niveles). Hice un alto a lo que estaba planificado para llevarles a mis alumnos claridad sobre la guerra y a la misma vez que ellos pudieran ver las implicaciones para sus vidas de dicho conflicto.

Al hablar de flexibilidad, muchos piensan que me refiero a ser improvisados o no invertir suficiente tiempo en la planificación. Este argumento se aleja mucho de la realidad. Lo que quiero decir es que tenemos que estar dispuestos a enseñar a veces cosas que no estaban en el plan de clases. Hay maestros que se centran solo en su disciplina, y en eso debemos también tener flexibilidad. Por ejemplo, aunque sea maestro de español, habrá momentos en los que la discusión de la clase cruzará para otras disciplinas, y no hay nada más lindo que contemplar a los estudiantes cuando perciben cómo se conectan todas las materias. Lo que se aprende en la escuela no son diferentes parches de conocimiento, sino que todos ellos combinados comprenden el cúmulo de conocimientos que nos hace desarrollarnos en la sociedad.

Lo mismo ocurre en nuestras iglesias. Cuando enseñamos es inevitable que los jóvenes realicen preguntas de asuntos que a lo mejor no están relacionados con lo que estamos impartiendo, pero a veces es importante responder esas preguntas, aunque no siempre les prestemos atención tenemos que pedirle a Dios que nos inunde con discernimiento, porque sí hay momentos en que debemos parar todo lo que estamos haciendo y darles la debida atención a esos cuestionamientos. O puede ser que debas detener la clase para orar por alguien o para enseñar algo que no tenías en agenda. Sin embargo, no debe ser una excusa para no estar preparado.

Jesús el ejemplo de flexibilidad

Hay un pasaje de la Escritura que me recuerda que Jesús estuvo dispuesto a ser susceptible a las circunstancias, aunque sabemos que nada de eso lo tomó por sorpresa.

En Mateo 15:21-28 (NBV) se relata la historia:

Jesús salió de allí y caminó los ochenta kilómetros que lo separaban de la región de Tiro y Sidón. Una cananea, que vivía por allí, se le acercó suplicante:

—¡Ten misericordia de mí, Señor, Hijo de David! Mi hija tiene un demonio que la atormenta constantemente.

Jesús no le respondió ni una sola palabra. Sus discípulos se le acercaron y le dijeron:

—Dile que se vaya, que ya nos tiene cansados.

Entonces Jesús le dijo a la mujer:

—Me enviaron a ayudar a las ovejas perdidas de Israel, no a los gentiles.

Pero ella se acercó más y de rodillas le suplicó de nuevo:

—¡Señor, ayúdame!

—No creo que sea correcto quitarles el pan a los hijos y echárselo a los perros —le replicó Jesús.

—Sí —respondió ella—, pero aun los perrillos comen las migajas que caen de la mesa.

—¡Tu fe es extraordinaria! —le dijo Jesús—. Conviértanse en realidad tus deseos.

Y su hija sanó en aquel mismo instante.

Este relato es impresionante y espero que tú lo puedas ver. Jesús iba de camino a Galilea para seguir predicándoles a los judíos, el pueblo escogido de Dios. Para los judíos, los gentiles (personas que no eran judías) eran inferiores, y la razón de esta creencia, según algunos expertos, era que los judíos se consideraban una raza superior solo por ser el pueblo escogido por

Dios. Ellos se referían a los gentiles como "perros", porque los animales no tienen los mismos derechos que los seres humanos. En esa ocasión Jesús les dijo que Él había venido a la tierra para salvar a los judíos; el enfoque del ministerio de Jesús era libertar al pueblo escogido por Dios. Sin embargo, esto en sí no es impresionante. Lo que me deja perplejo y a la vez lleno de alegría es que la mujer fue insistente. Jesús vio su fe y le concedió el motivo de su súplica. No dejó a esta mujer así como estaba; en cambio, estuvo dispuesto a desestimar lo que le decían sus discípulos, inclusive lo que opinaba la gente y lo que mandaba la ley, con tal de salvar la vida de esta mujer. No por nada a Jesús lo llamaron "amigo de los pecadores".

Los maestros tenemos que aprender a ser flexibles y estar dispuestos a cambiar nuestros planes para lograr sacar el máximo potencial de nuestros estudiantes. Muchas veces llevamos tanto tiempo en nuestra tarea que nos olvidamos de que ellos esperan más de nosotros. Romper la monotonía de las estrategias y del aprendizaje tradicional, acabar con el formalismo, en ocasiones, es lo mejor que les puede pasar a los estudiantes que están en proceso de adquirir nuevas experiencias. Muchas veces el tiempo es el enemigo de la flexibilidad, porque llevamos tanto tiempo enseñando que usamos las mismas estrategias, los mismos estudios, y no los ajustamos a la necesidad de nuestros estudiantes.

Romper la monotonía de las estrategias y del aprendizaje tradicional, es lo mejor que les puede pasar a los estudiantes que están en proceso de adquirir nuevas experiencias.

Jesús fue flexible porque fue movido por la misericordia

La flexibilidad debe llegar hasta la misericordia. Jesús era movido por la misericordia. *"Joseph: si debo ser flexible, ¿en dónde debo trazar la línea?"*, podrás pensar. La respuesta, aunque parezca sencilla, no lo es. La flexibilidad debe llegar hasta la misericordia.

El término misericordia significa *virtud que inclina el ánimo a compadecerse de los sufrimientos y miserias ajenos.* En otras palabras, podríamos decir "la capacidad de amar desde las entrañas". Jesús mostró la importancia de la flexibilidad con una parábola, la llamada "parábola del buen samaritano".

—*En cierta ocasión, un hombre iba de Jerusalén a Jericó y cayó en manos de unos ladrones. Estos le quitaron todo lo que llevaba, lo golpearon y lo dejaron medio muerto. Entonces pasó por el mismo camino un sacerdote que, al verlo, se hizo a un lado y siguió de largo. Luego, un levita pasó también por el mismo lugar y, al verlo, se hizo a un lado y siguió de largo. Pero un samaritano que iba de viaje por el mismo camino, se acercó al hombre y, al verlo, se compadeció de él. Llegó a donde estaba, le curó las heridas con vino y aceite, y se las vendó. Luego lo montó sobre su propia cabalgadura, lo llevó a un alojamiento y lo cuidó. Al día siguiente, le dio dos monedas de plata al dueño del alojamiento y le dijo: "Cuídeme a este hombre, y lo que gaste usted de más, se lo pagaré cuando vuelva". ¿Cuál de los tres piensas que se comportó como el prójimo del que cayó en manos de los ladrones?*

El maestro de la ley contestó:

—El que se compadeció de él.

Entonces Jesús le dijo:

—Anda pues y haz tú lo mismo.

(Lucas 10:30-37 NBV)

Al principio pensaba que esta parábola representaba solamente lo importante de ser compasivo con los demás y siempre atacaba al sacerdote y al levita por no serlo. Itiel dijo algo que me dejó pensando y a su vez me llevó a investigar un poco más sobre por qué el sacerdote y el levita no se movieron en compasión y no ayudaron al hombre. La respuesta a estas preguntas me dejó perplejo.

No lo ayudaron por obediencia a la ley de Dios. Sí, así como lo escuchas. Los sacerdotes y levitas eran servidores en el templo y había una ley de Dios que decía que si iban de camino al templo a servir y tenían contacto con algo muerto, no podían hacer ninguna tarea hasta que realizaran el ritual de purificación. En la historia, como los religiosos no sabían si el hombre estaba muerto, prefirieron no acercarse. Sin embargo, el samaritano, alguien que era despreciado por los judíos, fue el único que estuvo dispuesto a ayudarlo.

Es fácil desde nuestro lente juzgar a estos dos hombres, pero siempre habrá momentos en que las normas que nosotros mismos hemos puesto, la camisa de fuerza que colocamos con nuestra planificación tendrá que posponerse o dejarse sin efecto para ser movidos por la compasión y la misericordia.

En muchas iglesias la estructuración es no tener estructuración Los maestros en la iglesia quizás deben ser todavía más flexibles. Hay personas que se enfocan tanto en prepararse, que se olvidan de consultar con Dios. Algunas iglesias están tan estructuradas que han perdido la razón de ser de lo que hacen: Dios. Y atención con algo: en muchas iglesias la estructuración es no tener estructuración. Creer que ser sensibles al Espíritu Santo es no planear. En ambos casos no estamos dispuestos a dejar que sea Él quien nos sorprenda con su presencia. Él es un Dios de orden, y también de milagros y de tratos personales. Cuando no estamos abiertos a que Él sea quien lleve la agenda de la reunión o del servicio, porque tenemos que seguir a rajatabla lo planificado, coartamos los milagros de Dios en nuestras congregaciones.

"La predicación debe durar cuarenta y cinco minutos, la adoración media hora, porque si no la gente se va". Lo he escuchado tantas veces que me impresiona. Y por esta causa, no importa si Dios está haciendo algo durante la adoración, lo cortamos solo porque tenemos que cumplir con el tiempo para que las personas no se vayan sin haber terminado todo el servicio. ¡No nos molesta que se vuelvan a su casa sin estar llenas del Espíritu con tal de que no se vayan antes de finalizada la reunión!

Hace poco se publicó el resultado de una encuesta realizada en 2023, que revela que el 40% de los jóvenes se consideran ateos o agnósticos. Y mi pregunta es, ¿qué está haciendo la iglesia hoy para combatir estos números? El mismo estudio arroja que solo el 18.7%. de la población se declara "creyente practicante".[1]

---

1 Oller Girona, S. (2023).

PEDAGOGÍA AL ESTILO DE JESÚS

Las personas están asistiendo a las iglesias y no se están encontrando con el poder de Dios. Jesús estuvo dispuesto a cambiar de camino o desviarse en varias ocasiones para alcanzar a ciertas personas. La iglesia de hoy necesita cambiar el programa para que podamos llegar a los que necesitan; salir a la calle a buscar a los que están perdidos sin Dios.

Prepárate, estudia y planifica, pero si Dios te guía a cambiar algo en ese momento, ten la libertad de hacerlo. La obediencia a Dios será recompensada cuando veas su obrar en las nuevas generaciones.

La obediencia a Dios será recompensada cuando veas su obrar en las nuevas generaciones.

CAPÍTULO 3

JESÚS EDUCÓ CON INTERÉS

Para enseñar de forma correcta es necesario hacerlo con interés. No hay manera de educar sin él. Y el interés por el proceso educativo debe venir tanto desde el docente como desde el aprendiz. En este capítulo hablaremos del interés desde la perspectiva del maestro y desde la del estudiante.

Jesús estuvo interesado en las personas. La Biblia tiene un sinnúmero de momentos en los cuales Jesús se preocupaba por las personas. La historia de Zaqueo, el encuentro de la mujer pecadora que ungió sus pies, entre otros. Pero ninguna de estas historias muestra el interés de Jesús por las personas tanto como la de la muerte de Lázaro (Juan 11:32-36 NBV):

Cuando María llegó a donde estaba Jesús y lo vio, se arrojó a sus pies y le dijo:

—*Señor, si hubieras estado aquí, mi hermano no habría muerto.*

Jesús, al ver llorar a María y a los judíos que la acompañaban, se conmovió mucho y se turbó.

Él les preguntó:

—*¿Dónde lo sepultaron?*

Ellos le respondieron:

—*Ven a verlo, Señor.*

Jesús lloró.

Los judíos dijeron:

—*¡Miren cuánto lo quería!*

La muerte de Lázaro y la forma en que Jesús reaccionó no solo demuestra el amor que le tenía a este hombre y a su familia, sino que nos muestra al Maestro preocupándose por las personas. Así debemos ser nosotros. Debemos caminar el ministerio del magisterio entendiendo que nuestros estudiantes son importantes.

El interés del maestro

Un elemento fundamental para el proceso de aprendizaje es que el docente esté interesado en enseñar. Quizás nos cueste un poco creer esta afirmación, pero es cierta: "nuestros estudiantes no son tontos". Ellos saben diferenciar entre un docente que está preparado, que tiene interés en ellos, y un docente que no lo tiene. Así que colocar a personas en puestos de enseñanza solo por necesidad y no porque realmente les importe, no es una opción. Debe haber un deseo genuino del maestro por enseñar.

Los pastores deben pedirle a Dios que les muestre quiénes tienen un interés genuino y quiénes no. Si no hay tales maestros en tu iglesia, pídele a Dios que los envíe, pero no podemos darle la responsabilidad a alguien que no tiene el deseo en su corazón de educar a las nuevas generaciones.

¿Qué es el interés? Interés es la "actitud de la persona que siente deseo de dirigir su atención hacia algo o alguien que la atrae o le inspira curiosidad".[1] Dicho de otra forma, son las ganas que tenemos de educar.

Jesús mostró interés en enseñarles a sus discípulos, y en la Biblia vemos muchos momentos en los cuales se apartaba para enseñarles temas específicos. Era Él quien tomaba la iniciativa porque estaba interesado en que sus estudiantes aprendieran.

Los maestros tenemos que ser primero ser intencionales para luego ser eficaces en el proceso de enseñarles a nuestros estudiantes. Tengo la certeza de que si tenemos suficiente intencionalidad, ellos percibirán esta intención y eso les provocará un interés genuino por lo que tenemos que decir. Sabrán que nos importan.

Cuando se logra esta reciprocidad, es decir, cuando se genera interés de ambas partes —maestros y estudiantes— se produce el aprendizaje en su máxima expresión.

---

1 s.v. "curiosidad". Diccionario Bab.la.

¿Y cómo podemos mostrar interés? Aunque parezca obvio, creo que trabajar en la actitud con la que nos enfrentamos al proceso educativo es la clave.

1. Pregúntate: ¿cuál fue la razón por la que decidiste ser maestro o maestra? No puede ser solamente porque te lo asignaron o porque necesitas el trabajo para pagar las cuentas. Ese puede ser el inicio, y quizás es tu historia, pero quiero animarte a ver más allá eso, y redescubrir tu vocación por la enseñanza. Para ejercer una pedagogía al estilo de Jesús, debemos tener una razón más profunda y quisiera que capturaras la idea de que la docencia es siempre un llamado porque hay una enorme necesidad a la que responder. Al pasar este proceso, decidí que la vocación de mi vida es impartir conocimiento a otros; no quisiera irme sin dejar preparados a los que puedan continuar con aquellos proyectos que Dios me ha permitido tener durante este tiempo. Así que cada día le pido que me ayude a enseñar de tal manera que los estudiantes alcancen el potencial máximo con el cual Dios los ha creado. ¿Cuál es tu motivación más profunda para enseñar?

2. No podemos dar por perdida a esta generación, ni a las venideras. Se me remueven las entrañas cuando escucho o leo frases como "esta generación está perdida" o "no quieren aprender". Para poder ser maestro al estilo de Jesús, debemos mostrar interés y creer en ellos.

Nuestros estudiantes ya han oído comentarios de descalificación, y muchas veces la única posibilidad de que reciban palabras de aliento es de nosotros, sus docentes.

Tenemos la oportunidad de impactarlos positivamente, con palabras de aliento y motivación. Tengamos fe que las nuevas generaciones no están pérdidas y que puedan desarrollar su potencial con adultos que estén dispuestos a dirigirlos de forma sabia, a contestarles sus preguntas con amor y a preocuparse por ellos.

3. Mostremos pasión por lo que enseñamos. Si enseñas español, que los estudiantes vean que te gusta. No importa la materia que enseñes, que siempre puedan ver la pasión que hay en ti.

4. Busquemos actualizarnos constantemente. Si enseñamos de la misma forma todo el tiempo, vamos a perder el interés de los estudiantes, no importa la edad que tengan. Siempre es bueno cambiar las estrategias, y a medida que aprendemos más, integrarlas en nuestra planificación. Si usamos las mismas estrategias en nuestras clases todos los años —aunque sea la misma clase— nos aburriremos, también nosotros, y no enseñaremos con el mismo interés.

Aquí te daré algunas de estas estrategias que puedes usar que sé que serán beneficiosas para tus clases, como lo fueron para las mías. Sugiero que dividas tu clase en varios momentos importantes: (inicio o rompehielos, la enseñanza, la aplicación, trabajo en equipo, cierre y oración final).

PEDAGOGÍA AL ESTILO DE JESÚS

Para las actividades de inicio:

1. *Presentación de video*

Presentar un video como introducción, que aborde el tema o que plantee una problemática sobre el tema a tratar, es una buena actividad de inicio. Ejemplo: si vas a tocar el tema de la murmuración, presentas un video que aborde el tema sobre el efecto que trae la murmuración., y así lo vinculas a la temática que quieres discutir.

2. *Encuestas*

Esta es una estrategia que uso mucho para saber lo que piensan mis estudiantes antes de abordar el tema. Hoy en día existen excelentes aplicaciones que puedes usar para este fin, te permiten hacer las encuestas en vivo, con tu audiencia.

3. *¿Qué emoji me representa ahora mismo?*

El uso de emojis ayuda mucho para aquellos estudiantes que son un poco callados o tímidos. Puedes imprimir varios y hacer preguntas, por ejemplo:

¿Cómo te hace sentir que hablemos de este tema?

¿Estás de acuerdo con este planteamiento?

Entre otras preguntas que entiendas que te ayudan a crear una dinámica para lo que estás próximo a enseñar.

Las estrategias de enseñanza:

1. *Aprendizaje basado en proyectos*

El aprendizaje basado en proyectos, explicado de una forma sencilla, parte de una pregunta para que los estudiantes participen de la toma de decisiones y se sientan más motivados. Luego de ese interrogante, los alumnos comenzarán un proceso de descubrimiento hasta llegar a la respuesta a esa pregunta. Ellos son los que investigan y aprenden. Esta estrategia debe trabajarse de acuerdo al nivel de comprensión de los estudiantes y puede presentarse en la forma en que lo decidan ellos junto al maestro, por ejemplo, una presentación, una canción, un afiche.

Voy a dar dos ejemplos específicos para que podamos comprender mejor, uno para maestros de escuela secular y otro para maestros de escuela bíblica.

Para maestros de escuela: podemos hacer preguntas de acuerdo con la materia. Por ejemplo: ¿por qué el agua en el mar se ve azul? En lugar de darles la respuesta, podemos ofrecerles los equipos y materiales para que ellos lo descubran solos: computadora, celular, libros, etc. Y luego, pueden presentar un afiche con la información de lo que aprendieron.

Para maestros de escuela bíblica: podemos hacer preguntas que se desprendan de las que tienen ellos. ¿Soy hijo de Dios? Esa es una pregunta que ellos pueden buscar en la Biblia y contestarse, la pueden presentar mediante una canción de agradecimiento por lo que descubrieron.

2. *Aprendizaje basado en juegos*

Este tipo de aprendizaje emplea la misma metodología que utilizan los juegos cuyo objetivo es aprender algo. Estos están diseñados para que aprendamos de nuestros errores. Un ejemplo concreto es el siguiente: crear un juego en el que realizaremos preguntas. Si las respuestas son correctas, podremos avanzar por un tablero, pero si son incorrectas tendremos que retroceder. El primero que llegue a la meta, gana.

Estrategias de la aplicación:

En esta sección de la clase debemos buscar una forma en que los estudiantes pongan en práctica el conocimiento que acaban de aprender. La aplicación tiene que ser pertinente; cuando hablamos de aprendizaje pertinente, nos referimos al hecho de que sea una realidad para el estudiante. Lo que para mí es pertinente, puede no serlo para mis estudiantes. A lo mejor, para mí, el pasaje *"pues donde esté tu tesoro, allí también estará tu corazón"* (Mateo 6:21 NBV), tiene una aplicación directa al uso del dinero y a nuestra preocupación constante por tenerlo. Pero ¿cómo podría ser pertinente para nuestros estudiantes? Podríamos enfocarlo desde el punto de vista: ¿qué ocupa el lugar que le pertenece a Dios? Porque Dios quiere ser la prioridad en nuestras vidas.

¿Qué estrategias podemos usar para la parte de la aplicación?

1. *Realizar un dibujo*

Podríamos pedirles a los estudiantes que realicen un dibujo aplicando lo que acaban de aprender. Podemos modificar esta estrategia de acuerdo con las necesidades que tengas en mente.

2. *Realizar un video de TikTok*

Si trabajamos con estudiantes un poco más grandes, podríamos pedir que realicen un vídeo de TikTok (duración de máximo 3 minutos), explicando lo que aprendieron y cómo lo pueden aplicar a sus vidas.

Estrategias de trabajo en grupo

El trabajo en grupo es un elemento que no podemos dejar fuera de la ecuación, porque permite que los estudiantes aprendan a trabajar en equipo y a ser un cuerpo, como Jesús nos ha llamado. Algunas de las estrategias para realizar trabajos en equipos son:

1. *Competencias de resolución de rompecabezas:* si has estado trabajando el tema del cuerpo, esta es una excelente estrategia para reforzar el trabajo en equipo.

2. *Resolución de conflictos:* presentarles un problema que puedan resolver con la información que han estado aprendiendo. Podemos pedirles que juntos diseñen la resolución del problema y que lo presenten a sus compañeros de diferentes maneras).

Estrategias de cierre:

Las estrategias de cierre son las más importantes, porque será lo que probablemente los estudiantes mejor recuerden.

1. *Elaborar un vídeo resumen:* estamos ante una generación que sueña con ser Youtuber, o una profesión relacionada con eso. Entonces, podemos pedirles, en lugar de presentaciones, que hagan un vídeo con lo que han aprendido a lo largo de la unidad.

2. *Diseñar la portada de un libro:* si estás leyendo una historia con los estudiantes, podríamos proponerles que diseñen una portada para ese libro, con el propósito de aplicar lo que han aprendido o reflexionado sobre la historia. Esta estrategia los ayudará con su creatividad y tendrán que hacer un análisis más profundo sobre lo leído.

Necesitamos renovarnos porque, como seguramente les habrá sucedido, comenzamos el año motivados, pero cuando las energías se van agotando ese interés se va desapareciendo. Y es normal, somos humanos, pero debemos esforzarnos cada día por tener la actitud correcta. La actitud correcta es enseñarles a nuestros estudiantes con pasión. Es importante y motivador investigar cada una de estas y otras estrategias que nos permitirán desarrollar mejor nuestras clases.

El interés de nuestros estudiantes

Para que se pueda propiciar un ambiente de aprendizaje agradable, es necesario facilitar que tengan la actitud correcta hacia el proceso de aprendizaje.

Muchas veces ellos no entienden la razón última de las clases de la escuela o inclusive de la iglesia y lo que sale a la luz es que lo que ellos consideran el propósito de reunirse es compartir un buen tiempo con sus compañeros. A algunos les gusta aprender de Jesús o estudiar, pero realmente no son la mayoría. En mis diálogos con ellos me he dado cuenta de que existen dos razones principales por la que no les agrada ir a la escuela y estoy convencido de que son las mismas por las que rechazan la escuela bíblica (no es nada científico, solo una conversación de un maestro con sus estudiantes, así que no necesariamente aplica a todos).

1. *No se sienten cómodos con sus compañeros de clase.* Si ellos no se sienten en confianza y están en una actitud defensiva, no hay demasiado que puedas lograr con el contenido de la clase. Si se sienten inseguros, por más que seas el mejor predicador y la mejor maestra, resistirán tu clase

2. *No entienden para qué les sirve lo que están aprendiendo.* Esta fue la respuesta principal que me dieron cuando les preguntado a muchos estudiantes por qué no están a gusto con alguna clase y es por eso por lo que siempre debemos dirigir el aprendizaje a una aplicación para la vida del estudiante. En el último capítulo, titulado "Enseñanza práctica" ampliaremos esta discusión porque es vital entender que la principal razón por la que los niños, pre, adolescentes y jóvenes no quieran estar en el salón (de escuela o iglesia) es porque lo que enseñamos no está alineado a sus intereses. Los maestros debemos ser capaces

de *mostrar* —no solo decir— la importancia que tienen los contenidos que están aprendiendo.

En las clases dominicales nos enfocamos en hablar de las historias bíblicas, pero nos olvidamos de colocarlas en el contexto de la vida de los estudiantes.

Lamentablemente, a veces a los jóvenes no les gusta la iglesia porque no ven la manera en que lo que se enseña allí les ayuda a ellos en su vida cotidiana. Desde los púlpitos generalmente se les predica a los adultos, pero se excluye a los jóvenes. En las clases dominicales nos enfocamos en hablar de las historias bíblicas, pero nos olvidamos de colocarlas en el contexto de la vida de los estudiantes. ¿Cómo se puede aplicar la enseñanza de la historia de David y Goliat en su mundo? Si incluimos un elemento práctico en todas las enseñanzas que ofrecemos, veremos cómo el interés de los alumnos aumentará.

Al enseñar la Palabra de Dios, no podemos pensar que los integrantes de las nuevas generaciones no tienen problemas. Ellos tienen sus propias situaciones y conflictos. No los minimicemos porque nos parezcan sencillos o tontos desde la óptica de un adulto; para el niño o el joven, no lo es. Si les decimos cosas como: "eso no es nada", "es algo fácil de resolver", "olvídate de eso", "es una tontería", "es cosa de niños", nos alejaremos de ellos. Sus problemas son tan grandes como los nuestros. Debemos validarlos y guiarlos para encontrar una resolución, y de paso enseñarle el consejo bíblico aplicado a esa necesidad en particular.

3. El aprendizaje es aburrido. La escuela o la iglesia no tiene por qué ser aburrida. El proceso de aprendizaje es hermoso y motivador; lo que ocurre es que seguimos usando estrategias que no son para esta generación. Al dar conferencias en las iglesias y en las escuelas siempre recalco que nos encontramos ante una nueva generación, algunos expertos la llaman "los nativos digitales", y nuestras estrategias no están adecuadas a su realidad. Creamos programas y currículos dejando lo más importante fuera de la ecuación: al estudiante.

Hay un libro maravilloso que recomiendo a todos los que están involucrados en el sistema educativo, desde políticos, directores y maestros. Es *Escuelas creativas*, de Ken Robinson.[2] En este libro se plantea precisamente cómo el sistema educativo que tenemos hoy fue diseñado para la era de la industrialización y que en estos momentos nos encontramos en otra era, la que algunos llaman la "era de la información".

El proceso educativo es innato en el ser humano. El niño desde pequeño tiene un deseo genuino de aprender y de descubrir el mundo. Ve un animal que le llama la atención y en algunas ocasiones desea tocarlo. Lo mismo ocurre con sus juguetes: quiere abrirlo para ver cómo funciona. Hace muchas preguntas, y aparece el famoso "y ¿por qué?". Todas estas son formas innatas que utiliza para adquirir su propio conocimiento.

Los niños quieren aprender, pero no ven la institución como el lugar para lograr ese aprendizaje y eso es un desafío que te-

2 Robinson, K., & Aronica, L. (2015). *Escuelas creativas*.

nemos que enfrentar. Por eso necesitamos renovar la forma en que enseñamos.

4. Los contenidos están desactualizados. Los aprendices lo piensan. ¿Por qué? Porque la iglesia de hoy ha dejado a las nuevas generaciones fuera del programa y no muestra interés en ellos.

Hace un tiempo tuve una conversación con un pastor, que me dijo: "Muchas iglesias dicen que tienen como meta alcanzar a las nuevas generaciones, pero ni sus recursos ni sus programas están dirigidos a ellos. Cuando la iglesia dice que de veras desea alcanzarlas necesita invertir recursos y poner la palabra en acción".

La iglesia tiene que ser asertiva en demostrar interés en lo que viven las nuevas generaciones. La iglesia tiene que ser asertiva en demostrar interés en lo que viven las nuevas generaciones. El apóstol Pablo lo dijo en 1 Corintios 9:22:

> *Cuando estoy con los que son débiles, me hago débil con ellos, porque deseo llevar a los débiles a Cristo. Sí, con todos trato de encontrar algo que tengamos en común, y hago todo lo posible para salvar a algunos*

Nuestros ministerios magisteriales generacionales deben adaptarse a las necesidades de nuestros estudiantes —no al revés— para que demostremos nuestro verdadero interés, que no se muestra con palabras, sino con acciones. No quiero decir que dejemos de ser bíblicos, quiero ser claro en que el contenido de la Biblia sigue siendo pertinente para estas nuevas generaciones, el problema está en que los líderes no logramos transmitirles este mensaje.

Entonces, ¿cómo podemos actualizarnos?

1. Integrar grupos del ministerio generacional (niños, preadolescentes, adolescentes y jóvenes). Aunque parezca lógico te sorprendería la cantidad de iglesias que no tienen ministerios a las nuevas generaciones. Y no se trata solo de tenerlo, sino de que tenga recursos económicos (es importante que tenga un presupuesto, así como lo tienen otros ministerios) y humanos (líderes que estén comprometidos y que sean buenos ejemplos). Descubre con atención todo lo que te ofrece www.e625.com en esta dirección y te sorprenderás.

2. Incorporación de tecnología. No soy un defensor de los "espectáculos" en la iglesia. Sin embargo, los jóvenes son estimulados constantemente por la tecnología, la música y el sonido, y nosotros que lo hacemos para Dios debemos ser mejor que el mundo y usar estos elementos para engrandecer el Reino de Dios.

3. Adorar a su ritmo. Para algunos adultos sonará fuerte, pero cuando diseñamos un grupo o un servicio dentro del ministerio generacional, debemos de hacerlo conforme a lo que ellos les gusta. Y podemos decir que las canciones de "reguetón" u otro ritmo son del diablo, pero si la letra exalta el nombre de Dios, que la usen para adorar. Que usen el ritmo que deseen, pero enseñémosles a adorar en Espíritu y en verdad.

4. Utilizar estrategias de enseñanza de acuerdo con su nivel, edad y generación. Nuestros estudiantes no aprenden de la misma forma en la que nosotros aprendimos. Por lo tanto, debemos enseñarles de otra manera. Para nosotros es fácil prestar atención a cuarenta y cinco minutos de predicación, aunque he visto adultos que también se distraen, pero para los niños, pre adolescentes, adolescentes y jóvenes esa cantidad de tiempo escuchando sin hacer nada puede ser difícil. Antes, en este mismo capítulo, he dado algunas estrategias para, en lugar de impartir una enseñanza a toda la clase, dividas la clase en distintos grupos.

5. Los maestros deben tomar talleres y educación continua, al menos una vez al año. Es necesario entender que las necesidades de los estudiantes van cambiando, por lo tanto, debemos actualizar nuestros currículos de enseñanza una vez al año y capacitar a los maestros con el nuevo currículo y con nuevas estrategias de enseñanza.

CAPÍTULO 4

JESÚS EDUCÓ CON COMPASIÓN

La compasión es otro elemento en la forma en la que educó Jesús. La definición de "compasión" es: "Sentimiento de tristeza que produce el ver padecer a alguien y que impulsa a aliviar su dolor o sufrimiento, a remediarlo o a evitarlo".[1] La compasión va mucho más allá de una simple lástima momentánea. Quizás algo nos provoca tristeza, pero no es lo mismo que ese sentimiento profundo que nos lleva a accionar para aliviar la situación.

La compasión nos lleva a buscar formas para aliviar el dolor o sufrimiento de la persona, en este caso de nuestro estudiante. Sin embargo, para tener compasión es necesario que nos interesemos por ellos. Si no, jamás sabremos qué están atravesando.

---

1 Lucena Cayuela, N. (1997).

PEDAGOGÍA AL ESTILO DE JESÚS

En Mateo 9:36 (NBV) leemos:

Al ver a las multitudes, sintió **compasión** *de ellas, porque eran como ovejas desamparadas y dispersas que no tienen pastor* (énfasis añadido).

La sociedad moderna tiene un problema serio con los niños. Cada día veo muchas situaciones que me impresionan. Permitirles tomar decisiones que no son acordes con su edad, en mi opinión es maltrato. Que ellos crean que son los que mandan en la casa, es preocupante. Y así hay muchas otras situaciones en los hogares: niños que se suicidan, jóvenes que viven sin esperanza; nuestras nuevas generaciones necesitan con urgencia que los rescatemos. En la sociedad actual tenemos un problema de hogares disfuncionales, y las nuevas generaciones son el eslabón que más sufre en el proceso.

Quiero contarte una historia. No es mi intención hacer una crítica, sino que deseo abordarla desde la perspectiva del análisis. Yo tenía un estudiante en primer grado cuyos padres estaban divorciándose (es algo más normal de lo que desearía). Ellos estaban en continua lucha sobre quién se iba a quedar con el niño. Habían llegado a los tribunales y se insultaban todo el tiempo. Le hablaban mal al niño del otro padre y discutían sobre qué día de la semana el hijo estaría con uno y qué día con el otro, etc. La madre no estudiaba con él ni le ayudaba con sus tareas; el padre, sí. La madre quería ser la buena en todo, por lo tanto, cuando estaba con ella, el niño podía hacer todo lo que deseara. En cambio, el padre era estricto con él, lo ponía a estudiar cuando llegaba de la escuela. En una ocasión, los padres se pusieron a pelear enfrente de la escuela; discutían sobre a quién le tocaba llevárselo. ¿Acaso eso era vida para ese niño? Esta historia fue la que nos llevó a nosotros a pensar que es necesario involucrarnos con los estudiantes. El colegio se reunió con los padres para hablar de la situación y se llegó a un acuerdo por el bien del estudiante.

Como directores y maestros que representamos a Cristo, no podemos dejar que esas cosas se pasen por alto. Debemos hacer lo que esté a nuestro alcance para ayudar (hasta donde la ley en sus países lo permita; en mi caso, nosotros tenemos un poco más libertad por ser una escuela cristiana). Nosotros representamos a Cristo. A lo mejor no podemos predicarles el mensaje del evangelio de forma directa —en especial quienes trabajan en sistemas públicos— pero nuestro testimonio y la forma en que los tratamos, reflejan a Cristo. Nuestras vidas serán, probablemente, el único evangelio que esas personas leerán. Los líderes eclesiales deben ser intencionales en tratar estos casos.

Nuestro ministerio es el lugar en que Dios nos puso para ser de testimonio de que Dios sigue activo. Y quiero hacer un paréntesis, muchas personas me han dicho: "Joseph, para ti es fácil, porque trabajas en una escuela cristiana, pero yo no puedo hacer esto o aquello". Es importante entender algo: si somos cristianos, el trabajo que tenemos nos lo dio Dios para que allí fuéramos un testimonio viviente de su amor. No existe tal cosa como divorciar nuestro trabajo "secular" del trabajo "ministerial". Para Dios no existe esa división y nuestro ministerio es el lugar en que Dios nos puso para ser de testimonio de que Dios sigue activo. Tenemos el desafío de ser luz en medio de las tinieblas.

Cada uno de nuestros estudiantes tiene una historia. La compasión nos debe mover a conocerlos.

¿Cuándo fue la última vez que te conmoviste por una situación por la que está pasando o pasó un estudiante? Yo sé que algunas veces no son fáciles, pero en mi experiencia, antes de juzgarlos es bueno conocer sus historias. Cada uno de nuestros estudiantes tiene una historia. La compasión nos debe mover a conocerlos.

El evangelista Mateo lo afirmó en el versículo que citamos anteriormente: Jesús se compadeció de ellos, porque andaban como ovejas sin pastor. La oveja es un animal débil, que necesita la protección de su pastor. Con el tiempo la oveja reconoce a su pastor y no se deja llevar por cualquiera. Nosotros como cristianos que somos maestros, debemos mostrar al verdadero Pastor, para que nuestros estudiantes puedan seguirlo. A las personas que trabajan en los bancos, para que puedan identificar los billetes falsos, les ofrecen adiestramientos con el billete verdadero y cuando lo conocen bien, se les hace más fácil reconocer los falsos. Lo mismo debemos hacer nosotros, guiar a nuestros estudiantes a que conozcan al verdadero Pastor mediante nuestro testimonio, así cuando les presenten a otro pastor, podrán reconocer al impostor.

Mis ovejas oyen mi voz; yo las conozco y ellas me siguen (Juan 10:27).

1. Los maestros debemos guiar a nuestros estudiantes a conocer al Pastor

Al inicio de mi carrera docente, tuve al estudiante que me ha dado más problemas. Yo decía: "¡Pero qué difícil es ese muchacho!", hasta que empecé a entender que su conducta era el reflejo de situaciones por las que estaba pasando en su casa. Nunca debemos juzgar a un estudiante desde nuestra perspectiva, sino desde la perspectiva de la compasión que tuvo Jesús con sus discípulos. Recuerda que Él también murió por tus estudiantes, y nosotros podemos ser quienes le mostremos esa compasión de forma tangible y real.

2. Dios nos manda a compadecernos los unos de los otros

En fin, vivan ustedes en armonía unos con otros. Compartan sus penas y alegrías, ámense como hermanos, **tengan compasión y sean humildes** (1 Pedro 3:8 NBV; énfasis añadido).

El apóstol Pedro en este pasaje les está pidiendo que tengan compasión los unos por los otros. Y también es extensivo a nuestros estudiantes, así que nosotros no podemos hacer una distinción especial con ese sentimiento de tristeza que nos moviliza a la acción, cuando sabemos que nuestros alumnos están atravesando una situación difícil en sus vidas. El sentimiento no debe quedarse ahí, sino que debe impulsarnos a buscar la forma en que podemos ayudarlos a salir hacia adelante y enfrentar la situación. Es triste ver que una de las principales causas de muerte en jóvenes sea el suicidio, y pareciera que nadie detecta la sintomatología. ¿Será que nadie les está prestando atención?

3. Debemos amar a todos, incluyendo a nuestros estudiantes

No podemos ser buenos maestros, si primero no somos alumnos del Gran Maestro. Si queremos mostrar que somos discípulos de Jesús, tenemos que amar a nuestros estudiantes y mostrar ese amor. No solamente decirlo, sino demostrarlo. No podemos ser buenos maestros si primero no somos nosotros mismos alumnos del Gran Maestro. La muestra de que somos hijos de Dios, según Jesús, no es que prediquemos el evangelio (aunque es parte de nuestras responsabilidades), sino que es el amor. Me imagino a Jesús pensando: "¿Cuál sería la muestra más evidente de que son mis discípulos?" Y luego, asintiendo con su cabeza como respondiéndose a sí mismo, diría: "Obviamente, sería el amor".

Si se aman unos a otros, todos se darán cuenta de que son mis discípulos (Juan 13:35).

La escenificación anterior me hace pensar: ¿por qué Jesús de tantas cosas que pudo haber incluido como muestra de que le seguimos escogería el amor? Analizándolo, la Biblia presenta dos razones principales:

a. Dios mismo es la fuente del amor

*Amados, pongamos en práctica el amor mutuo, porque el amor es de Dios. Todo el que ama y es bondadoso da prueba de ser hijo de Dios y de conocerlo bien. El que no ama no conoce a Dios, **porque Dios es amor.** Dios nos demostró su amor enviando a su único Hijo a este perverso mundo para*

CAPÍTULO 4 / Jesús educó con compasión

darnos vida eterna por medio de su muerte. Eso sí es amor verdadero. No se trata de que nosotros hayamos amado a Dios, sino de que él nos amó tanto que estuvo dispuesto a enviar a su único Hijo como sacrificio expiatorio por nuestros pecados (1 Juan 4:7-10; NBV énfasis añadido).

La razón por la que Jesús colocó el amor en ese nivel de importancia, al punto de catalogar a una persona como discípulo o no, es que el amor proviene de Dios mismo y de nuestra cercanía a él.

b. Seremos diferentes

En un mundo donde es más común la venganza, el odio y la intolerancia, los que amamos con esta clase de compasión somos la minoría. Somos los que, como el salmón, nadamos en contra de la corriente.

Compasión en el aula

Tener compasión implica estar disponibles para ayudar a los estudiantes, no solo en los aspectos académicos, sino también en todas las áreas de la vida. Yo todavía me sigo impresionando de la cantidad de situaciones por las que pasan nuestros estudiantes constantemente y que ellos no pidieron. Hay problemas que se deben a malas decisiones de sus padres, o a pruebas de la vida. ¿Cuándo fue la última vez que te sentaste a conocer sus historias más allá de lo que proyectan o muestran en el salón de clases?

Yo sé que los maestros tenemos mucha responsabilidad y carga de trabajo, pero Dios siempre ha sido un experto en decirnos que tenemos que dar más. Jesús dijo: *"Si un soldado te exige que lleves su equipo por un kilómetro, llévalo dos."* (Mateo 5:41). Así que, como cristianos que somos además de maestros, Dios nos pide que demos más que lo que hacen los demás, no para impresionar a nuestros directores, sino porque el Maestro lo pide.

Podemos pensar que, como maestros de escuela bíblica, nuestra responsabilidad abarca solo dar la clase y listo, pero necesitamos entender que el ministerio magisterial comprende un desprendimiento para moldear a nuestros estudiantes a la estatura del varón perfecto, Jesucristo.

Si ves que un estudiante trae problemas conoce su historia; la gran mayoría tiene una razón para ser así. Una de las formas que utilizo para conocer mejor a mis estudiantes, como maestro de español, es hacerlos escribir ensayos. De esta forma puedo identificar si está ocurriendo algo en casa que les esté afectando en el desarrollo académico o en su conducta. Si ves que un estudiante trae problemas (cuidado con clasificar a los estudiantes o ponerles etiquetas), conoce su historia; la gran mayoría tiene una razón para ser así.

Tuve algunos estudiantes así en mi experiencia docente, que me enseñaron las más grandes lecciones de amor y pusieron a prueba mi paciencia. Uno de ellos se la pasaba mordiendo y golpeando a sus compañeros; y cuando indagamos un poco en su vida, resultó que vivía en un lugar en donde esa conducta estaba a la orden del día. No tenía un padre presente, y el niño solo copiaba lo que veía hacer a los adultos. Tuve otro estudiante que nos "sacó canas verdes"; fue duro trabajar con él, era adoptado, y sus padres adoptivos no lo querían. Por esa razón, su conducta manifestaba a gritos su carencia de afecto.

Tengo una última historia que me viene a la mente para cerrar este capítulo. Hace un tiempo estaba en una actividad y una maestra retirada (adoro hablar con maestros retirados, tienen mucha sabiduría) me contó una historia que una vez había escuchado por ahí. Había un niño que cursaba el cuarto grado de primaria. Su maestra se estaba volviendo loca porque no podía lograr que estudiara ni que se comportara como era debido. Ya desesperada, fue a ver a la directora de la escuela; esta se sentó con la maestra y buscó el expediente del niño. Entonces comenzó a leer los comentarios de sus maestras anteriores desde que había iniciado la escuela. En el jardín de niños la maestra había escrito: "Es un niño muy inteligente y dulce". Los mismos reportes estaban escritos en primer y segundo grado: "Era un niño inteligente y dulce hasta que murió su madre. Eso le cambió la vida". La maestra, con los ojos llorosos, regresó al salón y se comprometió a sacar al niño adelante. Se quedaba con él en las tardes para ayudarlo. Comenzó a hacer la milla extra. Entonces, en el último día de clases antes de las vacaciones de Navidad, y el pequeño llegó con un regalo para la maestra: era un frasco de perfume a medio usar. Se lo entregó a la docente y le dijo: "Maestra, no le pude comprar algo, pero aquí le traigo este perfume que era de mi mamá, por si usted lo quiere". La maestra feliz lo aceptó y enseguida se perfumó con él. Ese niño fue el más feliz y terminó el cuarto grado con las notas más sobresalientes.

Nunca debemos juzgar sin entender la historia, y debemos entender que los maestros somos agentes de cambio en la vida de nuestros estudiantes. Solo tenemos que estar dispuestos a verlos con compasion. Recordemos que, probablemente, ellos son el reflejo de lo que viven en sus casas, y que el Señor Jesús, nuestro Maestro, ha tenido mucha compasión conmigo, y estoy seguro de que contigo también.

CAPÍTULO 5

JESÚS EDUCÓ EN EQUIPO

Jesús, siendo el Dios del universo, Dios todopoderoso, decidió hacer su ministerio con doce personas imperfectas a las que les asignó responsabilidades para que cumpliesen. Y a los doce les enseñó la importancia de trabajar en equipo, como un cuerpo. Para Jesús fue importante enseñarles y pedirles a sus discípulos que trabajen en unidad y cooperación, y nosotros debemos hacer lo mismo.

Jesús oró para que sus discípulos sean uno

En Juan 17, en una de sus últimas y más sentidas oraciones al Padre, tú y yo estábamos en los labios de Jesús. El pidió por nosotros.

Te pido que todos sean uno, así como tú y yo somos uno, es decir, como tú estás en mí, Padre, y yo estoy en ti. Y que ellos estén en nosotros, para que el mundo crea que tú me enviaste. (Juan 17:21).

La unidad es el reflejo mayor de que hemos sido perdonados y redimidos por la sangre de Cristo. El ser humano siempre quiere cumplir sus propios deseos, lo que provoca división. Sin embargo, caminar como discípulos de Jesús nos lleva a un nuevo nivel, en el cual debemos mantener la unidad.

Hagan todo lo posible por vivir en paz con todos. (Romanos 12:18).

Siempre he creído que Jesús vino a elevar la vara. Cuando comparamos la forma de vivir que nos muestra Jesús, con la de otras religiones, vemos que Dios marca una diferencia y establece reglas de convivencia y relacionales claras.

El amor que tengan unos por otros será la prueba ante el mundo de que son mis discípulos. (Juan 13:35).

La unidad de la que les hablo aquí va más allá de la que tenemos con nuestros hermanos de la iglesia local. También aplica a aquellos que van a otra iglesia, no importa la denominación, siempre y cuando crean que Jesús es el único camino, la verdad y la vida. Desde que comencé en esta tarea de educar a maestros de escuelas bíblicas y maestros cristianos me he dado cuenta de que necesitamos incentivar y promover la unión de la iglesia de Cristo, que vino a morir por una iglesia, esa es su novia y la que viene a buscar para las bodas del Cordero. Y claro, podemos tener diferencias de vestimenta o de la forma en que ejercemos la liturgia, pero Jesús nos mandó a que seamos uno.

Pensando en este asunto fue que me aventuré en la tarea de escribir este libro, debido a la preocupación de que como maestros estemos bien capacitados, además de estar dispuesto para realizar esta tarea. Al realizar talleres para distintas iglesias y ministerios de niños, preadolescentes, adolescentes y jóvenes sobre la forma correcta de educar, para ser eficaces en alcanzar a las nuevas generaciones para Cristo, comprobé lo bueno que puede ser trabajar en unidad para lograrlo.

Seamos ejemplos a los no cristianos

La gran mayoría de los maestros trabajan en ambientes y lugares donde el resto de sus colegas no son cristianos, pero es nuestra responsabilidad orar también por ellos. Si estás enseñando en la iglesia, es urgente que apliques la parte anterior de este capítulo. Pero Dios también nos envió a ser ejemplo de los inconversos.

Los maestros no cristianos y nosotros como cristianos no podemos ser uno, porque tenemos intereses y metas distintos, sin embargo, podemos ser un ejemplo de lo que significa vivir para Cristo. Al escuchar a personas separar su vida entre "mi trabajo secular" y "mi trabajo cristiano o en la iglesia", no puedo contenerme y suelo corregirlos, porque la verdad es que el trabajo que tenemos, sea en la iglesia o no, nos lo dio Dios, ese es nuestro ministerio. Los lugares que Dios nos permite que toquemos, son para que podamos cumplir la misión de ir y hacer discípulos. No nos dice que eso lo haremos estando en la iglesia; hacemos discípulos en la iglesia, en la Universidad, estando con nuestros clientes, siempre podemos hacer discípulos. Recordemos que primero somos cristianos, hijos de Dios, antes de ser maestros, y esa vida no se puede separar. Somos cristianos que ejercemos como maestros para alcanzar a otros para el Reino de Dios.

Somos ejemplos para los no cristianos cuando hacemos las cosas con excelencia. Recordemos las palabras del apóstol Pablo: *"Hagan lo que hagan, háganlo bien, como si en vez de estar trabajando para amos terrenales estuvieran trabajando para el Señor"* (Colosenses 3:23). Trabajar con excelencia puede provocar que algunos quieran desanimarnos o hacernos tropezar, pero recordemos que nosotros debemos ser ejemplos.

Somos ejemplos cuando seguimos las reglas y reglamentos de nuestro trabajo, aunque nadie nos observe.

Cuando actuamos diferente no solo estamos siendo ejemplo para nuestros compañeros de trabajo, sino también para nuestros estudiantes que nos observan.

La unidad es la clave

La unidad entre los maestros permite un desarrollo integral de los estudiantes. La unidad entre los maestros permite un desarrollo integral de los estudiantes. La unidad en nuestros ministerios permite que mostremos a Dios, porque Dios es uno.

He visto que en muchos lugares los docentes trabajan separados uno del otro, como si su disciplina sucediera en un vacío existencial. Las escuelas tradicionales enseñan las materias separadas una de otra. El problema es que el cerebro humano no funciona de esa forma; el aprendizaje del ser humano funciona como un todo, y no como parches de conocimientos: "Aprendí ciencias, esto va en este lado del cerebro; aprendí español, esto va en este otro lado". El conocimiento no funciona así.

El aprendizaje del ser humano funciona como un todo, y no como parches de conocimientos

Y es peor cuando lo hacemos en los currículos de las clases bíblicas de nuestras iglesias. Llega un maestro a una clase y enseña algo; luego viene otro y enseña otro tema, sin darle continuidad a lo que se había enseñado antes. Las iglesias deben operar en unidad. Lo ideal sería que lo que se les predica desde el púlpito a los adultos, se les enseñe a los jóvenes, adolescentes y niños, de acuerdo con su nivel y capacidad. No importa quién sea el maestro, debemos saber lo que el otro enseñó antes para construir sobre ese conocimiento. Por eso es importante planificar para enseñar en continuidad y armonía, y no que los conocimientos estén sueltos aquí y allá.

Por la gracia que Dios me dio, yo eché los cimientos como un experto en construcción. Ahora otros edifican encima; pero cualquiera que edifique sobre este fundamento tiene que tener mucho cuidado. Pues nadie puede poner un fundamento distinto del que ya tenemos, que es Jesucristo. (1 Corintios 3:10-11).

Jesús puso el fundamento sobre el cual debemos edificar. Del mismo modo, si un niño recibió una enseñanza de otro maestro y yo le enseño otra cosa que no esté sobre lo que sabe, sobre los mismos cimientos, no será capaz de ver el conocimiento completo acerca de la Palabra y lo que Dios espera de ellos.

Jesús mostró unidad con el Padre

Como maestros no podemos dar algo que no tenemos. Para que nuestros compañeros docentes y nosotros podamos trabajar en armonía, primero tenemos que estar en unidad con el Padre. Si decimos que somos cristianos, debemos tener una relación con Dios, orando y leyendo su Palabra. No puede haber unidad en nuestro lugar de trabajo (aunque sea en una iglesia-escuela o en la propia iglesia), si primero no tenemos unidad con el Padre. Como maestros no podemos dar algo que no tenemos. ¿Cuánto tiempo pasamos en la presencia de Dios?

A lo mejor llevas un tiempo diciendo que quieres mostrarle el amor de Dios a tus estudiantes y mientras lees esto piensas: "Eso es lo que deseo en mi corazón, pero no logro hacerlo". Lo primero que debes hacer es procurar mejorar tu relación con el Padre. Solo cuando lo hacemos, podemos dar de lo que Dios deposita en nosotros, y él nos coloca en una posición desde donde podemos identificar las necesidades de otros. Dios quiere que podamos suplirlas, y por eso nos las revela, pero lo hace cuando estamos en sintonía con él.

Unidad con los padres

La unidad comienza con nuestro Padre Celestial, luego con el cuerpo de Cristo y del mismo modo con los padres de nuestros estudiantes. La responsabilidad de la educación de las nuevas generaciones es de ellos y la escuela e iglesia solo están para apoyar. En el diseño de Dios para la familia, los padres son los responsables de educar a sus hijos.

Debes enseñarlos a tus hijos y hablar de ellos cuando estás en casa o cuando caminas con ellos; al acostarte y al levantarte (Deuteronomio 6:7).

Si eres padre, es tu responsabilidad educar a tus hijos. Por eso los cristianos hemos defendido nuestro derecho de educar a nuestros hijos en vez de permitirle al gobierno que les enseñe lo que ellos desean. ¿sabemos lo que le están enseñando a nuestros hijos en la escuela o en la iglesia? Estas instituciones son un apoyo, pero no es para sustituir el diseño de Dios.

En occidente debemos reaprender a involucrar a los padres en nuestra visión de la enseñanza a las nuevas generaciones. El libro Liderazgo Generacional del Dr. Lucas Leys hace un aporte asertivo muy necesario para replantear la estructura de la educación, e incluye a las nuevas generaciones, porque propone que todos los adultos de la iglesia debemos repriorizar el ministerio dirigido a ellas, al afirmar que los padres deben jugar un rol protagónico en ese ministerio.

Esto no es lo que aprendimos de la misiología del siglo pasado. Los misioneros nos enseñaron a hacer ministerio infantil y juvenil solamente pensando en los niños o jóvenes y no en sus padres pero en la educación secular hoy hay mucha más consciencia de cuán vital es el rol de los padres en el aprendizaje de los hijos y por eso ha aumentado mucho la consciencia y tendencia de informarles lo más posible y hacer actividades para ellos en las escuelas. Por esta razón una recomendación que les doy a los ministerios de escuelas bíblicas es que realicen actividades y reuniones con los padres. Estas sirven para actualizarlos sobre los temas que se están enseñando y conocer sus inquietudes.

Si queremos ser buenos maestros, debemos aprender a servir y equipar a los padres, e involucrarlos de alguna manera en nuestras estrategias. Entendemos que la responsabilidad de la educación es de ellos, y como maestros sabemos que es imprescindible mantenerlos al tanto sobre el desempeño de sus hijos y el material didáctico que utilizamos. En nuestra escuela, tenemos el modus operandi de comunicar todo. Son los padres los que toman todas las decisiones; nosotros estamos allí para ayudar. Por eso, tanto los padres como los maestros debemos hablar el mismo idioma, es decir, tener las mismas reglas y parámetros y compartir la información estratégica.

Tanto en un colegio como en una congregación, hacer actividades para los padres ayuda a comprometerlos con los procesos de sus hijos.

Enseñémosles a nuestros estudiantes sobre la unidad y la cooperación

Debemos enseñarles a nuestros estudiantes la importancia de la colaboración y trabajar en equipo para alcanzar las metas. Jesús instituyó la iglesia para que trabajemos en unidad para mostrar el carácter de Jesús en este mundo. Cada uno de nosotros solos somos incapaces de representar a Jesús, debido a nuestra imperfección, pero cuando estamos unidos en la iglesia y trabajamos juntos, en las áreas en que somos débiles, alguien será fuerte y podrá suplir esa área.

Los creyentes permanecían constantemente unidos y compartían entre sí todas las cosas; vendían sus propiedades y repartían el dinero entre los que estaban necesitados. Todos los días se reunían en el templo y en los hogares, compartían los alimentos con regocijo y sencillez de corazón y alababan a Dios. Todo el mundo simpatizaba con ellos y todos los días el Señor añadía a la comunidad a los que habían de ser salvos (Hechos 2:44-47).

Dios no nos creó para que seamos individualistas, sino para que vivamos en una comunidad y que cada uno de nosotros esté atento a las necesidades de los demás. La iglesia primitiva lo hacía, ella era la responsable de satisfacer las necesidades de los pobres y las viudas, no el gobierno. Tenemos que educar a nuestros estudiantes sobre este tema, en la iglesia y en la escuela.

CAPÍTULO 6

JESÚS EDUCÓ CON CREATIVIDAD

Jesús fue increíblemente creativo a la hora de llevar su mensaje. Así como el mundo estaba perdido en aquella época y ameritaba que Jesús fuese creativo, también nuestra generación está buscando, cada vez más, algo diferente en nuestras escuelas e iglesias.

¿Por qué decimos que Jesús fue creativo?

La creatividad no solo nace del deseo de las personas de hacer las cosas de otro modo sino de ser eficaces.

La creatividad no solo nace del deseo de las personas de hacer las cosas de otro modo, sino también del deseo de ser eficaces. Es decir, no se trata de hacer las cosas de manera diferente como si ese fuera el único objetivo, sino que se busca hacer lo que sea necesario para lograr nuestros objetivos, que en nuestro caso es que aprendan verdades importantes.

Jesús no solo fue un revolucionario social como podría sugerir algunos, sino que usó distintos métodos para enseñar y presentó las verdades que quería comunicar de muchas maneras distintas. Algunos ejemplos de esto los vemos en las parábolas aunque Jesús también utilizaba acontecimientos repentinos para enseñar.

Mira esta escena:

Mateo 17:24-27 NBV dice:

> *Al llegar a Capernaúm, los cobradores de impuestos del templo le preguntaron a Pedro:*
>
> *—Tu Maestro, ¿paga impuestos?*
>
> *—¡Claro que los paga! —les respondió Pedro—, e inmediatamente entró a la casa a hablarle a Jesús sobre el asunto.*
>
> *No había pronunciado todavía la primera palabra, cuando Jesús le preguntó: —¿A quién crees tú, Pedro, que cobran tributos los reyes de la tierra? ¿A sus súbditos o a los extranjeros?*
>
> *—A los extranjeros, claro —respondió Pedro.*
>
> *—Entonces, los suyos quedan exentos, ¿verdad? —añadió Jesús—. Sin embargo, para que no se ofendan, vete al lago y echa el anzuelo, pues en la boca del primer pez que saques hallarás una moneda que alcanzará para tus impuestos y los míos.*

De este pasaje pueden extraerse varias enseñanzas. Jesús enseña a sus discípulos y a todos los que estaban escuchando, acerca de los impuestos, pero también sobre la importancia de entregarle a Dios lo que le corresponde. ¿A quién se le hubiese ocurrido, para enseñar algo, usar un pez con una moneda en su boca?

Las personas de la generación anterior nos quejamos de que a la actual no le interesa aprender, que no le llama la atención ningún tema, o no quieren saber de la iglesia o de Dios. Pero ¿qué estamos haciendo para cautivar a las nuevas generaciones? Muchas veces creemos que a nuestros estudiantes les va a llamar la atención la escuela o la iglesia utilizando técnicas que se usaban cuando nosotros éramos estudiantes, o queremos que se ajusten a los códigos de comportamiento de nuestras iglesias. Algunas de ellas tienen programas para jóvenes, pero ¿estos programas están diseñados pensando en ellos o pensando en la conveniencia del líder o en lo que creemos que a las nuevas generaciones les va a llamar la atención?

Me consideran un líder y un maestro rebelde (no me ajusto a las tendencias ni repito lo que otros dicen), porque estoy convencido de que a nuestros estudiantes sí les interesa conocer a Dios y aprender. El problema es que nosotros como docentes no les hemos facilitado el proceso y queremos obligarlos con estrategias que no funcionan. Las estrategias de Jesús estaban adaptadas a su tiempo y cautivaron la atención de todas las personas que lo escuchaban. En la segunda parte de este libro pretendo hacer lo mismo: tomar las estrategias que Jesús usó y pensar de qué forma las podemos aplicar en el tiempo actual para cautivar la atención de esta nueva generación.

Las estrategias que estamos usando hoy, ¿a quién le sirven? ¿Al maestro o al estudiante?

Jesús fue tan creativo que enseñó con parábolas (lo veremos en profundidad más adelante). Este recurso no es otra cosa que tomar una historia, que podría estar basada en hechos reales, y usarla para explicar situaciones espirituales. Las estrategias que estamos usando hoy, ¿a quién le sirven? ¿Al maestro o al estudiante? Esa es la verdadera pregunta que nos debemos hacer cada vez que planificamos una clase o una enseñanza bíblica.

Jesús no limitó su magisterio a un lugar o momento específico, sino que desarrolló su enseñanza de acuerdo a las personas que lo escuchaban y el lugar en el cual se encontraban. Los maestros de hoy debemos aprender a desarrollar estrategias de enseñanza de acuerdo con los estudiantes a los que estamos atendiendo. Los grupos que tenemos no son iguales, cada uno de ellos tienen sus propias características y necesidades particulares, y debemos tener la capacidad de desarrollar estrategias diferentes para cada grupo, inclusive para cada estudiante que tenemos en la sala de clases o en el estudio bíblico.

Jesús enseñó con dedicación

La creatividad va de la mano de la dedicación. El maestro que es dedicado siempre va a querer hacer las cosas diferentes y nuevas. Por ejemplo, yo soy una persona que se aburre con facilidad, y como maestro una de las cosas que más me aburre es hacer lo mismo año tras año. Por eso no suelo repetir clases ni presentaciones. Si yo me aburro, mis estudiantes también, porque no me verán motivado para enseñarles.

La dedicación es la puerta de la creatividad. La dedicación es la puerta de la creatividad. Al ser dedicados, buscaremos todas las estrategias que sean necesarias para enseñarles a los estudiantes.

Cada vez que tengo el privilegio de hablarles del tema a maestros de sala de clases o maestros de escuela bíblica, digo que uno de los trabajos más difíciles es enseñar, no solo por nuestra tarea sino porque las generaciones cada vez son más diferentes y nos cuesta acercarnos de forma efectiva. Pero ¿qué hace que el maestro se mantenga enfocado en esa tarea? Es la dedicación.

"Dedicación" tal vez sea una de las palabras más difíciles de definir de este libro, porque no pretendo volcar solo una definición de manual, sino, sobre todo, mostrar cómo hacerlo de manera efectiva y vibrante en nuestra realidad. La dedicación es la acción de destinar algo para un propósito. Un maestro se destina y designa para el propósito de educar a las nuevas generaciones.

Los que me conocen saben que soy una persona apasionada por lo que me comprometo a hacer, pero estoy seguro de que mi mayor dedicación está destinada a educar a otros. Me gusta ser un guía, un mentor, un consultor, un maestro. La vocación de ser maestro no es algo que se pueda tomar a la ligera, por todo el trabajo que representa. A veces, uno tiene que dejar de ser uno mismo para impulsar a sus estudiantes. La pasión nos debe mover a la dedicación, y esta, a su vez, nos hace recorrer la milla extra y estar dispuestos a pagar el precio.

Jesús fue una persona que se dedicó por completo, por tres años según los teólogos, a sus discípulos, y estuvo dispuesto a desgastarse por ellos. Mateo 4:23 nos pinta un cuadro de Jesús viajando por toda la región de Judea enseñando.

> *Jesús viajó por toda la región de Galilea enseñando en las sinagogas, anunciando la Buena Noticia del reino, y sanando a la gente de toda clase de enfermedades y dolencias.*

¿Puedes imaginarte al Señor en su rol de maestro?

Ser discípulo de Jesús tuvo que ser difícil, pero a la misma vez emocionante. Los discípulos en la época de Jesús caminaban con su maestro. Hay que entender varios aspectos importantes de la época. Quien tenía la responsabilidad de educar a los jóvenes eran los padres, sin embargo, alguno que otro podía ser el aprendiz de un rabí, y esto le daba un nivel mayor de reconocimiento.

Aunque la Biblia no hace alusión a que Jesús hubiera estudiado con algún rabí, obviamente se ganó ese título. ¿Cómo se lo ganó? Lo hizo al andar. Educando. Enseñando a otros. Poco a poco sus enseñanzas comenzaron a cobrar relevancia y la gente comenzó a querer escucharlo, a ser su discípulo. Incluso podemos suponer que alguno quería aprender de Jesús porque era trendy (algo que está de moda). Que te identificaran con él comenzó a ser un símbolo de que estabas con alguien destacado, y la gente atrae gente. Obviamente sabemos que esto no duró mucho tiempo. Pronto los sacerdotes y el Sanedrín quisieron buscar una razón para sentenciar a Jesús, porque no entendieron o no quisieron entender lo que enseñaba, aunque quizás fue por envidia, dada la relevancia que había adquirido.

¿Cómo habrá sido ser discípulo de Jesús? Me los imagino levantándose y viendo a su Maestro orando. Dice la Biblia en varias ocasiones que Jesús se levantaba a orar de madrugada. Luego, se acercaría para que comieran juntos y bendeciría los alimentos. Estando en la mesa, les enseñaría de las Escrituras y cómo estas daban testimonio de Él como el Mesías. Al salir, me imagino a Jesús aprovechando cada acontecimiento para enseñar una verdad espiritual.

Las enseñanzas de los rabíes de esa época eran absorbidas tan bien por los discípulos, que las personas podían distinguir quién había sido su maestro por su conducta. Lo que nos ayuda a entender la razón por la que Pedro no pudo pasar desapercibido: él ya actuaba de acuerdo con las enseñanzas de su Maestro. ¿A tus discípulos se les nota que fueron instruidos por ti?

Tengo un amigo que en cada oportunidad que tiene lanza una enseñanza espiritual. Usa diferentes estrategias de acuerdo con lo que Dios puso en su corazón. A veces estamos comiendo y suelta una pregunta de reflexión; en otras ocasiones, hace una confrontación sobre la corrección a tiempo (tengo amigos que me corrigen a tiempo, de acuerdo con el consejo bíblico). Así como este amigo y como Jesús, debemos ser nosotros los que tenemos que aprovechar cada oportunidad, cada momento, para profundizar en una verdad espiritual.

En Hechos 2:42 dice:

Todos los creyentes se dedicaban a las enseñanzas de los apóstoles, a la comunión fraternal, a participar juntos en las comidas (entre ellas la Cena del Señor), y a la oración.

Esto nos enseña la importancia de estar enseñando continuamente. Los maestros no enseñamos solo cuando estamos frente al grupo, sino en todo momento. En consecuencia, debemos ser creativos y enseñar con las distintas estrategias que veremos en la segunda parte de este libro.

Si Jesús educó con tanta dedicación y empleando las estrategias que fueran necesarias, nosotros también tenemos que hacerlo. Lo que me lleva a preguntarme: "¿Qué estoy dispuesto a hacer para cumplir con mi compromiso con el Señor, que es educar?". Nuestros estudiantes se dan cuenta si lo hacemos solo por cumplir o porque realmente estamos comprometidos a educarlos y ayudarlos a convertirse en hombres y mujeres de Dios. Necesitamos comenzar a ver el magisterio más allá de un simple trabajo o algo que nos enviaron a hacer en la iglesia, y verlo como lo que es: la forma de marcar a las nuevas generaciones con una marca indeleble, para que ellos puedan conocer a Dios.

Los niños, preadolescentes, adolescentes y jóvenes necesitan tener cerca personas con temor de Dios, que se sacrifiquen para construir un mundo mejor.

Los niños, preadolescentes, adolescentes y jóvenes necesitan tener cerca personas con temor de Dios, que se sacrifiquen para construir un mundo mejor. En el pasado alguien lo hizo conmigo y seguramente alguien lo hizo contigo. Los discípulos lo hicieron también, al punto de que algunos tuvieron que entregar sus vidas para que nosotros hoy podamos tener las enseñanzas de Jesús en nuestras manos. Otros vivieron exiliados o en prisión. El sacrificio que estos hombres y mujeres a través de la historia pusieron fue por dedicación. Esa dedicación a Dios y a lo que él les delegó, que hoy nos encomienda a nosotros.

CAPÍTULO 7

JESÚS EDUCÓ CON DECISIÓN

Esta característica de la pedagogía al estilo de Jesús es la que tocará nuestra fibra más sensible: el hecho de *ser decididos.*

Los maestros hemos sido maltratados por mucho tiempo, con malos tratos, malas condiciones laborales y esto ha hecho que seamos reticentes a dar más y ser intencionales con los estudiantes. Y créeme, estoy de acuerdo con ese planteamiento, en ocasiones también me he sentido así. Sin embargo, ¿nuestros estudiantes tienen la culpa? La realidad es que muchos de ellos son víctimas del mismo sistema educativo o del poco presupuesto que tienen algunas iglesias para los ministerios de enseñanza.

El ministerio a la enseñanza es un llamado

El ministerio de ense- ñanza a las nuevas generaciones también requiere un llamado. El ministerio generacional de escuelas bíblicas en las iglesias también suele ser el área con menor presupuesto —si es que tiene alguno— y menos atendido. Regularmente se le delega este trabajo al pastor nuevo o al más joven, sin orar para saber si Dios lo ha llamado para este servicio. El ministerio de enseñanza a las nuevas generaciones también requiere un llamado. No se trata de asignárselo así nomás al líder más joven o al que estamos pensando que podría ser pastor general algún día. En mi caso, he respondido al llamado de Dios y llevo cerca de quince años trabajando con las nuevas generaciones y no veo el ministerio de la educación o el magisterio como un escalón a lograr algo más, sino que este es el que el Señor nos ha entregado. Por lo tanto, hay que escoger bien a las personas. Sabemos que a veces tenemos que resolver con los que se ofrecen, pero no debería ser así. Oremos para que Dios envíe obreros con llamados magisteriales a nuestras iglesias.

Si decimos que somos una iglesia que ama a las nuevas generaciones debemos orar para que Dios levante personas con llamados reales y asimismo destinar un presupuesto acorde a nuestras prioridades.

Mira lo que hizo Jesús:

Cierto día de descanso, Jesús fue a cenar en la casa de un líder de los fariseos, y la gente lo observaba de cerca. Había allí un hombre que tenía hinchados los brazos y las pier-

nas.[a] 3 Jesús preguntó a los fariseos y a los expertos de la ley religiosa: «¿Permite o no la ley sanar a la gente el día de descanso?». Como ellos se negaron a contestar, Jesús tocó al hombre enfermo, lo sanó y lo despidió. Después se dirigió a ellos y dijo: «¿Quién de ustedes no trabaja el día de descanso? Si tu hijo o tu buey cae en un pozo, ¿acaso no corres para sacarlo?». Una vez más, ellos no pudieron responder.

(Lucas 14:1-6)

Quiero contarte una historia que me sucedió el 24 de diciembre de 2023, mientras estaba escribiendo este libro. En la escuela que mi esposa y yo dirigimos, ella sintió de parte del Señor Jesús que íbamos a levantar adoradores; esto fue hace un tiempo atrás. Desde hace ya varios meses, esa ha sido nuestra misión principal, y hoy tenemos un equipo de adoración de jóvenes y niños. Durante este tiempo de preparación la banda ha sido invitada a tocar en varias actividades, pero ese día habían sido invitados a tocar en una iglesia. Entonces observé cómo estos jóvenes dirigieron toda una reunión de una iglesia sin ayuda de ningún adulto que los guiara. Ellos solos llevaron la adoración, las reflexiones y la predicación de la Palabra. ¡Eso es lo que Dios quiere que hagamos! La mayoría de estos jóvenes no van a ninguna iglesia, su iglesia es la escuela. Para cada uno de ellos, sus pastores han sido sus maestros y nosotros, sus directores.

El ministerio magisterial y el trabajo con las nuevas generaciones es un llamado.

El ministerio magisterial y el trabajo con las nuevas generaciones es un llamado. No es cosa simple; requiere que entendamos la invitación que Dios nos está haciendo y actuemos convencidos de que Dios va a respaldar el llamado que nos ha hecho.

Todo llamado requiere sacrificio personal

Jesús nos mostró lo decidido que era cuando a pesar de las leyes judías Él hizo lo que se necesitaba hacer. El pueblo judío había desvirtuado la razón por la que Dios instituyó el día del reposo. Este estaba diseñado para que el pueblo tomara un tiempo de adoración a Dios y no hiciera nada más que eso. En cambio, lo que hicieron finalmente fue poner restricciones, en ocasiones normas muy difíciles de aplicar para mucha gente, y al hacerlo, sacrificaron también el verdadero significado del día de reposo. ¿Acaso hay mejor adoración que llevar las buenas nuevas del evangelio, o prepararse para llevar el mensaje a las nuevas generaciones? O en nuestro caso, ¿salir a tomar un café con un joven que necesita ser discipulado o aconsejado?

En lo personal, hice un pacto interno con mi conciencia: que el día en que perdiera la paciencia y el amor hacia mis estudiantes, me retiraría y dedicaría a otro ministerio. Si no estoy dispuesto a hacer la milla extra por uno de ellos que está intentando salir adelante, me dedicaré a otra cosa. Nuestros estudiantes y discípulos no tienen la culpa de las circunstancias que atravesamos los maestros (empleo mal remunerado, malas condiciones laborales o falta de visión como líderes y pastores, entre otras cosas).

El Señor promete renovar nuestras fuerzas

Ser maestros decididos, como Jesús lo fue, muchas veces significará ir en contra de la corriente, de lo que la gente dice y dejar a un lado nuestros deseos. Debemos tener en claro que el magisterio es un llamado de Dios. Nuestra responsabilidad es hacerlo para Él, que se encargará de todas nuestras necesidades, y Dios promete que renovará nuestras fuerzas cuando no podamos más.

El magisterio es un llamado de Dios. Nuestra responsabilidad es hacerlo para Él, que se encargará de todas nuestras necesidades.

Él da poder a los indefenso y fortaleza a los débiles. (Isaías 40:29).

He visto esta promesa de Dios en mi vida y en la de mi esposa. Nosotros hemos testificado a hermanos en la fe, porque tenemos un ministerio en el que ayudamos a capacitar a maestros en las iglesias, y cuando compartimos nuestro testimonio, siempre les decimos que, en ocasiones, hemos querido dejar de educar (al igual que muchos maestros), pero cuando no podemos más, doblamos las rodillas y le pedimos a Dios que renueve nuestras fuerzas.

Cuando a pesar de todas estas circunstancias decidimos seguir siendo maestros, debemos estar dispuestos a entregarnos al máximo por nuestros estudiantes. El mejor Maestro de la historia decidió darlo todo por sus discípulos, sin importar las circunstancias de la época. Ser maestros es una decisión que tomamos, y todos los días tenemos que renovar nuestro compromiso y dedicación. Somos humanos, y todos hemos atravesado situaciones en las que deseamos "tirar la toalla" y decir "¡esto no va más, no doy más!", a mí me ocurre muy seguido. Sin embargo, el Señor Jesús se encargará de hacernos ver que el trabajo no es vano y que Él cuida de nuestras circunstancias.

El sacrificio tiene recompensa

Si Dios te llamó a este ministerio a las nuevas generaciones, aunque la paga no sea la mejor (si es que estás haciendo esto como profesión) o las circunstancias laborales son adversas, aunque el ministerio no esté bien formado y no tengas presupuesto para hacer muchas cosas y debas poner de tu propio dinero, sigue adelante: decide cada día tomar la cruz de Jesús y seguir porque la paga de Dios es más grande que lo que podemos ganar en la tierra.

¡Alégrense! ¡Estén contentos, porque les espera una gran recompensa en el cielo! Y recuerden que a los antiguos profetas los persiguieron de la misma manera. (Mateo 5:12).

La recompensa de trabajar en el lugar que Dios te ha puesto vendrá de Él, y Dios no es deudor de nadie. La recompensa de trabajar en el lugar que Dios te ha puesto vendrá de él, y Dios no es deudor de nadie. *Pues Dios no es injusto. No olvidará con cuánto esfuerzo han trabajado para él y cómo han demostrado su amor por él sirviendo a otros creyentes como todavía lo hacen.* (Hebreos 6:10). Que cobre aliento tu corazón, querido maestro, sabiendo que al Señor no se le escapa ninguna hora ni minuto de tu servicio sacrificial con tus estudiantes.

PARTE II

ESTRATEGIAS EDUCATIVAS USADAS POR JESÚS

CAPÍTULO 8

JESÚS FUE UN MODELO A SEGUIR

La primera estrategia educativa que usó Jesús fue su propia vida como un ejemplo a seguir. Si nosotros queremos ser maestros que impacten, debemos de emular lo que esperamos de nuestros estudiantes con nuestro propio ejemplo. Si nuestro Maestro fue nuestro modelo, nosotros debemos serlo para nuestros estudiantes.

Uno de los ejemplos más emblemáticos de Jesús, siendo un referente, fue su bautismo.

> *Pero Jesús le dijo: —Así debe hacerse, porque tenemos que cumplir con todo lo que Dios exige. Entonces Juan aceptó bautizarlo.* (Mateo 3:15).

Jesús podría haberle dicho a Juan: "Tienes razón, yo soy el maestro, por lo tanto, no me bautizaré", y luego darse vuelta, mirar a las personas que estaban allí, y ordenarles: "¡Ustedes sí deben bautizarse!". Sin embargo, Él no hizo eso, sino que fue ejemplo a todos los que estaban mirando de la importancia del bautismo.

El bautismo es la representación de la muerte a nuestra antigua manera de vivir y la resurrección a la nueva. Jesús no necesitaba bautizarse porque en su vida no había pecado. Él fue el cordero perfecto que se entregó sin mancha por el perdón y la expiación de nuestros pecados.

Entonces, ¿por qué Jesús se bautizó si no había antigua vida a la cual tuviera que morir? Lo hizo como ejemplo de lo que debemos hacer.

Nuestros niños, adolescentes y jóvenes necesitan ejemplos para seguir. En una sociedad en la cual las familias están rotas, y dentro de una realidad en la que cerca del 50% de los matrimonios terminan en divorcios y de esos, el 70 % se vuelven a casar,[1] la figura de la familia tal y cual fue establecida por Dios está en peligro de extinción. Los jóvenes tienen falta de modelos fiables, siguen a artistas cuyas vidas están lejos de Dios. Si nosotros no les damos una referencia a seguir, la seguirán buscando donde no deben.

¿Queremos que las nuevas generaciones sigan imitando a cualquier cantante de moda, o seremos nosotros capaces de ser los ejemplos que necesitan? No lo digo como una crítica, pero estoy convencido de que es tiempo de que la iglesia asuma el rol para la que fue instituida: ser ejemplo. Ser luz en medio de las tinieblas.

---

1 Espinar et al. (2003)

Y esto no es diferente a lo que Dios nos envió a hacer (Mateo 5:14-16):

> *Ustedes son la luz del mundo. Una ciudad asentada sobre un monte no puede esconderse. Nadie enciende una lámpara para esconderla bajo un cajón, sino que la pone en alto para que alumbre a todos los que están en la casa. ¡Así dejen ustedes brillar su luz ante toda la gente! ¡Que las buenas obras que ustedes realicen brillen de tal manera que la gente adore al Padre celestial!*

Así que si bien, como veremos en este capítulo, la educación por imitación o *aprendizaje vicario* es una estrategia pedagógica probada por los teóricos, no es menos cierto que nosotros como cristianos tenemos una orden de ser ejemplo. El ser luz implica que nuestra vida brille tanto, que permita que otras personas puedan ver sus vidas con nuestro brillo (que no proviene de nosotros sino de Dios) y adorar a Dios. No somos llamados a ser ejemplos para que otros vean cuán grande o maravillosos somos, más bien para que Dios sea exaltado por nuestra vida.

Las nuevas generaciones imitan a los adultos

En mis años como director y educador me he dado cuenta de esta realidad: Los estudiantes copian nuestras conductas y lo que hacemos, al igual que replican la conducta de sus padres. Siempre he creído, y la literatura lo afirma, que los estudiantes son el resultado de muchos factores. Los jóvenes son un conglomerado de conductas aprendidas de las personas más allegadas, y esto incluye a sus maestros. Sí, aunque no lo creamos, para muchos de nuestros estudiantes u otros jóvenes, somos sus ejemplos.

La pedagogía, la ciencia que estudia la educación, ha llamado a esta estrategia "aprendizaje vicario" o "aprendizaje social". El aprendizaje vicario o social fue conceptualizado por Albert Bandura mediante un experimento muy interesante.

El experimento consistió en lo siguiente: escogieron a niños y los dividieron en dos grupos, grupo A y grupo B. Eso en el método científico se llama grupo experimental y grupo control. Al grupo A se les presentó una película, en la cual adultos estaban maltratando verbal y físicamente un muñeco (se le llama "muñeco bobo", porque cuando lo golpeas hace que se va a caer, pero no se cae). Al grupo B no se les presentó esa misma película, sino que vieron otra cosa. Luego de que ambos grupos terminaron de ver la película, los pasaron a una sala en donde se encontraba este y otros juguetes. Los niños que habían visto la película de los adultos maltratando al muñeco, repitieron la misma conducta que habían observado, pero los niños que no vieron esa película jugaban con él sin maltratarlo, o se entretenían con otros juguetes que había en la sala.[2]

Los niños adquieren y modifican sus comportamientos mediante la observación de los adultos. La conclusión a la que llegó Albert Bandura fue que los niños adquieren y modifican sus comportamientos mediante la observación de los adultos. ¿Por qué te hablo de esto? Porque la ciencia nos confirma la razón por la cual para Jesús era tan importante

---

2 Rodríguez, Centeno y García (2020).

mostrar con su ejemplo las enseñanzas que quería que sus discípulos imitaran.

El bautismo de Jesús no fue el único momento en el que el Maestro mostró con su ejemplo las conductas correctas. A través de los evangelios se pueden observar los innumerables ejemplos de Jesús. Él hacía y luego decía "ahora, así como he hecho, hagan ustedes". Además del bautismo, otro ejemplo de esta verdad fue el momento en que Jesús les lavó los pies a sus discípulos. Juan 13:12-17 (NBV) nos narra este suceso:

Después de lavarles los pies, se puso el manto y otra vez se sentó. Entonces les preguntó:

—*¿Entienden ustedes lo que les he hecho? Ustedes me llaman Maestro y Señor, y dicen la verdad porque lo soy. Pues si yo, el Señor y el Maestro, les he lavado los pies, también ustedes deben lavarse los pies unos a otros.* **Yo les he dado el ejemplo, para que hagan lo mismo que yo he hecho con ustedes.** *Les aseguro que ningún sirviente es más que su amo, y ningún mensajero es más que el que lo envió. Si entienden esto y lo hacen serán dichosos* [Énfasis añadido].

Al leer esta historia siempre soy confrontado en lo que me falta por alcanzar para ser ejemplo de mis estudiantes. Les voy a contar una historia de cómo esto se vuelve una realidad. En el tiempo que llevo enseñando, estuve en un colegio cristiano, y he visto cómo hay ciertos estudiantes que han copiado conductas de mí. Anteriormente les narré que tenemos un equipo de adoración, y uno de los estudiantes que dirigen ese equipo, al ministrar la Palabra de Dios, usa jerga y ademanes que yo utilizo, no porque me esté copiando, sino porque soy uno de los ejemplos que ve cuando ministra y es inevitable que aprenda a hacerlo como lo hago. Es ahí donde veo que hace algunos gestos y usa algunas palabras que sé que son mías, pero que no me gustan. Entonces, ¿saben qué he hecho? Cambiarlos en mí, porque si yo los cambio, él los va a cambiar.

Recordemos que siempre somos ejemplos, ya sea para bien o para mal. El experimento de Bandura nos muestra que los seres humanos copian las conductas, buenas o malas. El ministerio del magisterio está llamado a ser ejemplo. ¿Sabían que en Japón el único profesional que no está obligado a inclinarse ante el emperador es el maestro? ¿Por qué? Ellos son claros: sin maestros no puede haber emperadores. El magisterio es el que enseña y lo hace la mayoría del tiempo con su ejemplo.

Somos un modelo en todo lo que hacemos

El hecho de que el ser humano aprenda de las experiencias de otro ser humano nos constituye en una especie superior, porque cada vez que nace un niño no hay que empezar el proceso del conocimiento desde cero, sino que se le enseña en unos cuantos años de escuela todo lo que la humanidad ha tardado cientos de años en descubrir mediante prueba y error.

Maestros, los estudiantes aprenden más de nosotros de lo que imaginamos. Recuerdo que en una ocasión estaba hablando con una docente retirada luego de treinta y cinco años en el Departamento de Educación de Puerto Rico, y le dije: "Pero es que usted siempre está guapa". Ella me sonrió y respondió: "Yo siempre tengo que estar bien vestida y arreglada, porque puede que me encuentre a un exalumno del que yo haya sido inspiración o ejemplo, y el hecho de que no me vea tal como me conoció puede romper la ilusión de quién fui en su vida. Luego de tantos años de docencia, créeme que me encuentro a muchos estudiantes".

Somos personas comunes, pero aun así somos ejemplo

¿Por qué imitamos tanto a los artistas o a personas que no conocemos? Porque nos parecen ejemplos a seguir. Algunos han tenido la oportunidad de conocer en persona a su artista favorito o a alguien a quien admiran. Si al conocerlo notan que este no era como se lo habían pintado a través de las redes o la televisión, muy probablemente se decepcionarán.

Procura que cada día, cuando los estudiantes te vean, puedan ver a Jesús. Los docentes no podemos ser una figura que los estudiantes idolatren, ellos deben saber que somos personas comunes, con nuestras fortalezas y debilidades, y que aun con ellas podemos mostrar a Cristo. ¿Estás siendo un ejemplo a tus estudiantes de las enseñanzas de Jesús en tu vida? Puede ser que no seas maestro en una iglesia, sino en una escuela, y trabajes en lugares en los que no se pueda predicar la Palabra de Dios, pero estoy seguro de que podrás impactar la vida de tus estudiantes con tu ejemplo. Procura que cada día, cuando los estudiantes te vean, puedan ver a Jesús. Si eres maestro de escuela dominical, siempre actúa tal y como les has enseñado.

Si eres líder de una iglesia, es importante que recuerdes que los estudiantes (discípulos) siempre te están observando. Si les has enseñado a adorar, pero ellos durante el servicio no te ven adorando, seguro no adorarán a Dios. Nuestras acciones tienen más peso que lo que decimos. En el libro *Cada joven necesita un mentor*, de Félix Ortiz,[3] el autor tiene una frase que ha sido mi mantra durante los últimos dos años como líder juvenil: "Los jóvenes no están buscando líderes perfectos, están buscando líderes que sean consistentes". Por lo tanto, si somos maestros o líderes es importante que nuestra forma de vivir esté acorde a nuestras enseñanzas.

Ser ejemplo nos habla de responsabilidad

Quisiera que recuerdes que el ministerio magisterial conlleva la responsabilidad de enseñarles a los nuevos discípulos a nutrirse de la Palabra. Capacitar a las nuevas generaciones acerca del conocimiento de Dios no es un juego. Si olvidaras todo lo que leíste en este libro y solo pudieras recordar una cosa, quisiera que recuerdes que el ministerio magisterial conlleva la responsabilidad de enseñarles a los nuevos discípulos a nutrirse de la Palabra.

Nuestra función como maestros en las iglesias va más allá de lo que podemos enseñar en una escuela o instituto; es ser modelos y ejemplos de vida. El apóstol Pablo nos elevó esta vara cuando afirmó:

---

3 Ortiz (2017).

Sigan mi ejemplo, así como yo sigo el de Cristo (1 Corintios 11:1).

Los maestros que trabajan en la iglesia deben afirmar con certeza y autoridad a sus estudiantes o discípulos la misma declaración que hizo Pablo. Por eso debemos estar dispuestos a vivir como Jesús vivió y hacer por nuestros discípulos lo que Jesús hizo, no para que nos miren a nosotros, sino para que la gente vea a Jesús a través de nosotros.

El apóstol Pablo lo tenía bien claro; sabía que su vida sería el ejemplo para millones de cristianos y por eso estuvo dispuesto a sacrificarse para que otros pudieran conocer la vida de Jesús mediante su comportamiento. Yo creo que de esto nos falta mucho. Una de las críticas más fuertes que recibimos los cristianos, es que no vivimos lo que predicamos.

Mahatma Gandhi, dijo una vez: "Yo sería cristiano, si no fuera por los cristianos". La razón por la que Gandhi dijo esto es que entendía las enseñanzas de Jesús, pero muchos de los que decían seguirlo no vivían como su Maestro. Y me temo que todavía esa es la realidad en nuestros tiempos: muchos decimos que somos cristianos, pero no estamos dispuestos a vivir de la misma forma en que Jesús lo hizo para que otros puedan seguirnos.

El aprendizaje social o por imitación, según los estudios, tiene los siguientes beneficios:

1. Fomenta la colaboración y la interacción: Jesús en varias ocasiones promulgó la importancia del trabajo en equipo. Y no solo Él, sino que Pablo en varias ocasiones hizo la famosa comparación con el cuerpo humano, enseñando que somos parte de ese cuerpo y que todos nos ayudamos mutuamente.

*El cuerpo humano, aunque es uno, está compuesto de muchos miembros; y **esos miembros, aunque son muchos, forman un solo cuerpo.** Lo mismo sucede con el cuerpo de Cristo por un solo Espíritu, y todos hemos recibido el mismo Espíritu. Algunos somos judíos, otros son gentiles; algunos son esclavos y otros son libres. Pero todos formamos un solo cuerpo. **El cuerpo tiene muchos miembros, no uno solo*** (1 Corintios 12:12-14 NBV, énfasis añadido).

La intención de Jesús era que su iglesia se comportara como una sola. Cuando aprendemos los unos de los otros, mejoran las relaciones interpersonales.

Anteriormente conté algo sobre el equipo de adoración de la escuela en la que trabajamos, pero no dije cómo se formó. Nosotros los maestros no sabíamos mucho de música, excepto una docente y mi esposa, que habían estado en el coro de un equipo de adoración. No teníamos a nadie que supiera tocar algún instrumento. Algunos estudiantes sabían un poco, así que ellos mismos se enseñaban entre ellos. Hoy en día la banda de adoración existe, primero gracias a Dios, y segundo, porque los estudiantes se han enseñado unos a otros. Cada día las relaciones entre ellos mejoran y se fortalecen porque saben que todos han aprendido entre ellos.

2. Estimula el pensamiento crítico y la reflexión: El pensamiento crítico —que hoy se pondera como un baluarte— también fue una de las habilidades que Jesús estimuló. El pensamiento crítico es la capacidad manifestada por el ser humano para analizar y evaluar la información existente respecto a un tema determinado, intentando esclarecer la veracidad de dicha información y alcanzar una idea justificada al respecto ignorando posibles sesgos externos.[4] El aprendizaje social nos permite desarrollar el pensamiento crítico, porque debemos aprender a filtrar todo lo que observamos.

En la Biblia se pueden observar momentos en los que se habla de la importancia de analizar todo. Uno de los pasajes más conocidos se encuentra en Romanos 12:2:

> No imiten las conductas ni las costumbres de este mundo, más bien dejen que Dios los transforme en personas nuevas al cambiarles la manera de pensar. Entonces aprenderán a conocer la voluntad de Dios para ustedes, la cual es buena, agradable y perfecta.

El apóstol Pablo en la primera carta a los Tesalonicenses dice:

> [...] sino pongan a prueba todo lo que se dice. Retengan lo que es bueno (1 Tesalonicenses 5:21).

Veamos en el ministerio de Jesús momentos en los que Él también promovió el pensamiento crítico entre sus seguidores.

Los estudiantes aprenderán de nosotros, los maestros, la forma correcta en que deben comportarse. Para muchos seremos uno de tantos ejemplos por imitar; para otros seremos su único ejemplo. Pero no solo esto, sino que probablemente seamos lo

---

4 Castillero (2017).

más cercano a un modelo a seguir, porque somos imitadores de Jesús.

El pensamiento crítico se puede desarrollar con estrategias muy simples, a diferencia de lo que mucha gente piensa. Quiero que abordemos dos momentos en lo que Jesús desarrolló el pensamiento crítico en las personas que lo seguían. Uno de esos acontecimientos se encuentra en Mateo 22:20-21:

> *Les preguntó: —¿A quién pertenecen la imagen y el título grabados en la moneda?*
>
> *—Al César—contestaron.*
>
> *—Bien—dijo—, entonces den al César lo que pertenece al César y den a Dios lo que pertenece a Dios.*

En esta escena vemos a Jesús contestando una pregunta que, por su contexto dentro del pasaje, tenía la intención de engañarlo. Jesús, antes de caer en la trampa, les hace otra pregunta (las preguntas nos llevan a un análisis más profundo). Luego de la respuesta ofrecida por los fariseos y herodianos, les enseña el precepto.

Otro momento en el cual Jesús usó el pensamiento crítico fue cuando enseñó acerca de quién es Él. Lo vemos en Marcos 8:27-30:

> *Jesús y sus discípulos salieron de Galilea y fueron a las aldeas cerca de Cesarea de Filipo. Mientras caminaban, él les preguntó:*
>
> *—¿Quién dice la gente que soy?*

—*Bueno*—*contestaron*—, *algunos dicen Juan el Bautista, otros dicen Elías, y otros dicen que eres uno de los otros profetas.*

Entonces les preguntó:

—*Y ustedes, ¿quién dicen que soy?*

Pedro contestó: —*Tú eres el Mesías.*

Pero Jesús les advirtió que no le contaran a nadie acerca de él.

Aquí se observa una vez más cómo Jesús comenzó con una pregunta para que sus discípulos pudieran analizar lo que estaba ocurriendo. Y sucedió algo interesante, Pedro reconoce que Jesús era el Mesías y esto fue producto de lo que él estaba viendo. A una respuesta perfecta no hay más nada que añadir y Jesús solo terminó la enseñanza diciéndoles que no le dijeran a nadie.

3. Facilita la actualización de conocimientos: El aprendizaje por imitación facilita que nuestros conocimientos se mantengan actualizados. Al llegar al mundo laboral, el conocimiento se actualiza en gran parte por lo que aprendemos de nuestros compañeros o líderes. Los maestros cristianos no solo podemos impactar a nuestros estudiantes, también podemos producir un impacto en nuestros compañeros de trabajo. Jesús nos envió a ser testigos en todas partes; en Hechos 1:8 se nos dice:

[...] pero recibirán poder cuando el Espíritu Santo descienda sobre ustedes; y serán mis testigos, y le hablarán a la gente acerca de mí en todas partes: en Jerusalén, por toda Judea, en Samaria y hasta los lugares más lejanos de la tierra.

Si nosotros decimos seguir a Jesús, debemos ser testigos no solo con nuestras palabras, sino también con nuestras acciones. El poder del Espíritu Santo derramado sobre nosotros está diseñado para que seamos testigos. Los testigos hablan de un suceso que presenciaron de primera mano. De otra manera no pueden serlo. Así que, para ser testigos de Jesús, debe haber ocurrido el suceso de la redención de Jesús en nuestra vida. Y si nosotros decimos seguir a Jesús, debemos ser testigos no solo con nuestras palabras, sino también con nuestras acciones. Nuestros compañeros de trabajo podrán ver el poder de Dios en nosotros y seremos testigos eficaces.

4. Promueve el aprendizaje autónomo y activo: Los maestros debemos no solo depositar el conocimiento en nuestros estudiantes, sino que también debemos enseñarles a aprender por ellos mismos. Hay un refrán que uso mucho, que dice: "Dale un hombre un pescado y comerá una vez; enséñale a pescar y comerá toda la vida". ¿Cómo podemos aplicar esto a la educación? Si depositamos nuestro conocimiento en la mente de nuestros estudiantes, esto será útil para ese momento, pero si les enseño a mis estudiantes a aprender sin mí, podrán seguir preparándose para todos los aspectos de la vida. En la escuela dominical, por ejemplo, cuando trabajamos con adultos, si somos los únicos que hacemos las interpretaciones de la Biblia, pero no les enseñamos cómo hacerlo, entonces ellos dependerán siempre de alguien para que los guíe e interprete la Palabra, porque nunca lo aprendieron hacer solos. Y esa es una de las razones por las que hay personas que no estudian la Biblia.

Dependen de lo que el pastor predica el domingo y aquellos que quieren un poco más, escuchan predicaciones durante la semana, pero no se sientan a estudiar la Biblia por sí mismos, porque no saben cómo hacerlo.

En Juan 5:39-40, Jesús nos habla de la importancia de estudiar la Palabra:

Ustedes estudian las Escrituras a fondo porque piensan que ellas les dan vida eterna. ¡Pero las Escrituras me señalan a mí! Sin embargo, ustedes se niegan a venir a mí para recibir esa vida.

La función principal de los maestros de escuela bíblica debería ser capacitar a los estudiantes para aprender a estudiar la Palabra de Dios.

Mi pueblo está siendo destruido porque no me conoce. Así como ustedes, sacerdotes, se niegan a conocerme, yo me niego a reconocerlos como mis sacerdotes.

Ya que olvidaron las leyes de su Dios, me olvidaré de bendecir a sus hijos. (Oseas 4:6).

La primera estrategia usada por Jesús fue ser un modelo a seguir. Ahora nos toca a nosotros serlo para las nuevas generaciones, educar con nuestras palabras y con nuestras acciones.

CAPÍTULO 9

JESÚS USÓ PARÁBOLAS

Las parábolas son una de mis estrategias favoritas, y una de las que más usó Jesús en su enseñanza. ¿Qué son las parábolas? Son historias de situaciones de la vida para tratar de explicar una enseñanza compleja. Jesús las empleaba para ejemplificar con situaciones terrenales las verdades del Reino de Dios.

Las parábolas son una forma de enseñanza común en la Biblia, especialmente en el Nuevo Testamento, donde Jesús las utiliza con frecuencia para transmitir enseñanzas espirituales y morales de manera accesible y memorable. Sin embargo, las parábolas también se encuentran en el Antiguo Testamento, aunque no son tan numerosas.

En cuanto al número exacto de parábolas en la Biblia, puede variar según la interpretación y la definición de qué constituye una parábola. En general, se acepta que hay alrededor de cuarenta parábolas, la mayoría de ellas registradas en los evangelios de Mateo, Marcos y Lucas.

El método de las parábolas como una forma de enseñanza no fue exclusivo de Jesús en el contexto de la cultura judía de la época. Otros rabinos y maestros judíos también las empleaban para enseñar lecciones espirituales y éticas. Sin embargo, Jesús se destacó por su maestría en el uso de este recurso, y muchas de las más conocidas y profundas parábolas provienen de su enseñanza.

Este método consiste en relatos cortos que emplean imágenes y situaciones de la vida cotidiana para transmitir una verdad espiritual más profunda. Utilizan metáforas y simbolismos para ilustrar conceptos abstractos y hacer que las enseñanzas sean más accesibles al público. Algunas de las parábolas más famosas de Jesús incluyen la parábola del sembrador, la parábola del hijo pródigo y la parábola del buen samaritano.

El uso de parábolas como método de enseñanza tiene sus raíces en la tradición judía, que utilizaba historias y analogías para transmitir enseñanzas éticas y religiosas. Estas historias no solo eran una forma efectiva de comunicar mensajes complejos, sino que también permitían que las enseñanzas se grabaran en la memoria de los oyentes y se transmitieran de generación en generación.

Las parábolas no se contaban con el propósito de que tuvieran una sola interpretación, sino para que las personas pudieran hacer una reflexión profunda y pudieran aplicarlas a su contexto. Lo que ocurre es que cuando un estudioso hace una interpretación de la parábola, las personas tienden a darle ese único sentido, y no queremos contradecirlo[1].

¿Por qué Jesús usó tantas parábolas?

Las historias ayudan a los estudiantes a comprender verdades profundas. Se han utilizado por años en las escuelas, y creo que los docentes algunas veces no tienen idea de la cantidad de veces que se pueden emplear. Lo mismo ocurre en las iglesias. Las historias son estrategias poderosas para explicar conceptos complejos a los estudiantes, sobre todo si estos conceptos son abstractos o espirituales.

La narrativa es tan poderosa que empresas como Disney y otras la usan para propagar las creencias e ideologías que ellos defienden. Si el mundo está adoptando esta estrategia para propagar mensajes que van en contra de Dios, cuánto más nosotros que tenemos todo el consejo de Dios para la vida. Como educadores cristianos necesitamos ponerlas en práctica para instruir a nuestros estudiantes en todo lo que necesitan para su desarrollo.

Además de docente, mucho tiempo fui productor de eventos. Una de las razones por la que decidí tener una empresa de producción fue pensar que si quiero impactar a esta generación, las historias son necesarias. La iglesia no puede seguir cediendo espacios al mundo alegando que esto o aquello es del diablo. Cada vez que la iglesia cede espacios, el mundo se encarga de llenarlos. Uno de los terrenos que hemos cedido es el de las ar-

---

1 Galvis (2017)

tes: la música, el teatro, etc. Y estas son poderosas herramientas para enseñarles a las nuevas generaciones.

El uso de géneros literarios de ficción

La literatura, en todas sus formas, es un reflejo de la riqueza y la diversidad de la experiencia humana. A lo largo de la historia, los escritores han utilizado una amplia variedad de géneros y estilos para expresar ideas, contar historias y transmitir enseñanzas. Desde las fábulas antiguas hasta las sagas épicas, pasando por los relatos de misterio y suspenso, la ciencia ficción y la fantasía, cada género literario ofrece su propio encanto y profundidad.

La Biblia, como obra literaria y como palabra inspirada por Dios, no es una excepción a esta diversidad. Compuesta por una colección de libros escritos por varios autores a lo largo de siglos, la Biblia abarca una amplia gama de géneros y estilos. Desde la poesía lírica de los Salmos hasta la narrativa histórica de los libros de 1 y 2 Reyes, desde la ley y los mandamientos del Antiguo Testamento hasta las cartas y epístolas del Nuevo Testamento. La Biblia presenta una riqueza literaria que refleja la complejidad de la fe y la experiencia humana.

Así como la Biblia utiliza una variedad de géneros literarios para transmitir su mensaje, Jesús también empleó una diversidad de métodos y técnicas para enseñar a sus seguidores. Si bien las parábolas son la forma más conocida, Jesús también utilizó otros recursos como la enseñanza directa, los milagros y los diálogos con sus seguidores y oponentes.

En este contexto de diversidad literaria y pedagógica, exploraremos el poder y el significado de las parábolas en la enseñanza de Jesús. A través de estas historias breves y penetrantes, Jesús transmitió verdades espirituales profundas de una manera accesible y relevante para sus seguidores, y creó un legado perdurable de enseñanza y reflexión para generaciones venideras.

¿Cómo puedo aplicar esto de las historias o parábolas a mis clases? Por ejemplo, mediante el uso de cuentos y fábulas. Los cuentos que se discuten en clases son un ejemplo de parábolas. Dentro de ellos está la categoría de las fábulas, un género literario de ficción que tiene como personajes centrales a personas, animales u otros seres animados e inanimados. Lo más destacable del género es que contiene moralejas, que son enseñanzas de vida. Las enseñanzas pueden ser espirituales, morales, o simplemente de sabiduría cotidiana. Una de las fábulas que más recuerdo es la de la liebre y la tortuga.

El cuento de "La liebre y la tortuga" es una fábula clásica atribuida al fabulista griego Esopo, aunque también ha sido adaptada a diferentes culturas y tiempos. En resumen, la historia narra la competencia entre una liebre rápida y arrogante, y una tortuga lenta pero constante.

La liebre, confiada en su velocidad, se burla de la tortuga y acepta un desafío a una carrera. Durante la carrera, ella corre velozmente hacia adelante, pero subestima a la tortuga y decide tomarse un descanso, creyendo que puede alcanzarla fácilmente más tarde. Mientras tanto, la tortuga sigue avanzando a un ritmo constante y sin detenerse.

Cuando la liebre se da cuenta de que la tortuga ha llegado a la línea de meta antes que ella, es demasiado tarde para recuperarse. La moraleja del cuento es que la constancia y la perseverancia son más importantes que la rapidez y la arrogancia. Aunque la tortuga era lenta, su determinación la llevó a la victoria, mientras que la liebre, confiada en sus habilidades, perdió por su falta de humildad y su actitud arrogante. Las enseñanzas de esta historia son varias, pero mencionaré tres: (1) No podemos confiarnos por ser más rápidos; (2) la constancia es más importante que la velocidad; y (3) una buena actitud, además de no burlarse de los demás, hace la diferencia en nuestra vida.

El impacto de las parábolas

El impacto que tienen las historias en nuestros estudiantes es fascinante. Es por eso que debemos integrarlas en nuestras clases, ya sea para explicar conceptos complejos o bien para inculcar algún tipo de valor. Debido al efecto que tienen las historias en los niños es que se ha tratado de tergiversarlas mediante las películas, muñequitos y series. Si el mundo lo está haciendo y están alcanzando a las nuevas generaciones, nosotros, los educadores que deseamos crear un impacto positivo en nuestros estudiantes, debemos hacerlo también. Más aún cuando el mejor Maestro de la historia usó esa estrategia para enseñar y todavía vienen a nuestra mente cuando el mensaje llega a nuestro corazón

La función del docente ha cambiado. Ya no se trata de depositar conocimiento en los niños, pre, adolescentes o jóvenes, sino de impactar a la nueva generación. Necesitamos docentes que asuman la tarea de producir impacto en las vidas, así como lo hizo Jesús. Lo que enseño en mi salón de clases, mis estudiantes

Ya no se trata de depositar conocimiento en los niños, pre, adolescentes o jóvenes, sino de impactar a la nueva generación.

pueden buscarlo en internet explicado de diferentes maneras, pero ellos no serán igualmente marcados por lo que lean en internet, que por lo que vean en mí.

Las parábolas les permiten a los estudiantes hacer sus propios análisis y afianzar su proceso de aprendizaje. El hecho de que tengan diferentes aplicaciones facilita los procesos cognitivos complejos, como desarrollar habilidades de pensamiento crítico, análisis y de investigación, que se consideran tan necesarias en el tiempo actual. Estas habilidades también se ponen de manifiesto en la vida cristiana, porque Dios espera de nosotros que tengamos fe, pero una fe racional, basada en lo que conocemos de Dios. Por eso el apóstol Juan dijo en Juan 5:39:

Ustedes estudian las Escrituras a fondo porque piensan que ellas les dan vida eterna. ¡Pero las Escrituras me señalan a mí!

Cuando les permitimos a los discípulos preguntarse, hacer un análisis de estas historias, también les estamos enseñando a estudiar la Biblia.

Estudiar las Escrituras es un ejercicio más profundo que solo leer. Estudiar es examinar con cuidado, hacer un análisis, una investigación. Necesitamos enseñarles a las nuevas generaciones a profundizar en las Escrituras, y por consiguiente en las parábolas. Cuando les permitimos a los discípulos preguntarse, hacer un análisis de estas historias, también les estamos enseñando a estudiar la Biblia.

La pedagogía de las parábolas utiliza un lenguaje visual y dramático que permite descifrar su significado, de acuerdo al nivel de comprensión. Así que, a medida que los estudiantes crezcan en su proceso de aprendizaje, más información recuperarán de las parábolas.

Este método también es útil para ejemplificar las enseñanzas. Además, las historias son más fáciles de recordar, por lo tanto, los estudiantes podrán acordarse de lo que aprendieron por más tiempo si asociamos dicha enseñanza con una historia. El ser humano aprende más fácil cuando puede relacionar una algo complejo con algo cotidiano. Hay temas que son complejos de comprender y se enseñan por medio de una historia conocida o hechos de público conocimiento, a los estudiantes les resultará más fácil absorberlos.

Por ejemplo, cuando un niño está aprendiendo sobre los animales, conocerá primero a aquellos con los que tiene contacto diariamente. Si tiene un perro, observará que eso que ve es un perro, pero pronto asociará a todo animal que tenga cuatro patas y rabo con un perro, y a partir de ahí sabrá que no todos son perros, que existen gatos y otros animales. A esto se le conoce como "aprendizaje asociativo". Las parábolas, además, de ser una estrategia eficaz por sí sola, también puede ser una herramienta para lograr este tipo de estudio.

Aprendizaje asociativo

Es el proceso mediante el cual el ser humano relaciona conceptos para su mejor comprensión. Entre otras cosas, les permite a los estudiantes mejorar la memoria, debido a que el cerebro creará conexiones entre dichos conocimientos, y permitirá el arraigo del nuevo saber.

El conocimiento que no se vincula con uno previo, se convierte en una repetición sin sentido o en un almacenamiento mecánico que no permitirá la aplicación de dicha información. El ser humano debe poder asociar el nuevo saber con el adquirido anteriormente, o con una necesidad apremiante (una necesidad de la vida). Es por esta razón que los estudiantes están más predispuestos a incorporar información que saben que les servirá para la vida.

El maestro como facilitador del saber debe crear el ambiente propicio para que los estudiantes entiendan la razón por la que aprendemos esto. Lo mismo aplica con el contenido bíblico. Las historias bíblicas no se convierten en conocimiento si nosotros no somos capaces, como maestros, de colocar el elemento de aplicación.

Todas las estrategias de aprendizaje que utilicemos deben contener ese elemento de la aplicación. Si estamos predicando sobre la vida de un personaje de la Biblia, pero no incluimos dentro de la predicación el ingrediente práctico y aplicable, no lograremos nada en el proceso de aprendizaje de nuestros estudiantes. Esta aplicación debe ser pertinente, es decir, debe ser de acuerdo con la vida del estudiante aquí y ahora.

¿Cómo puedo convertir esta historia en un aprendizaje pertinente para la vida de ese niño? Por ejemplo, si estamos hablando de la historia del joven rico (Marcos 10:17-30), pero les queremos enseñar a niños de cinco años sobre la importancia de no depender tanto de las riquezas en lugar de nuestra relación con Dios, para ellos no será un aprendizaje pertinente, porque no están pendientes del dinero; ni siquiera saben lo que significa tener o no tener dinero. Es más, para ellos un dólar es mucho dinero. La pregunta que debemos hacernos es: ¿cómo puedo convertir esta historia en un aprendizaje pertinente para la vida de ese niño?

Si en lugar de hablar de las riquezas monetarias les hablamos sobre la importancia de que los niños puedan ser desprendidos de las cosas materiales, y les enseñamos que debemos compartir lo que tenemos con las personas que no tienen o que tal vez tienen muy poco, el significado cambiará. Del mismo modo, si le contamos esta historia a la clase y preguntamos: ¿cuántos de ustedes tienen muchos juguetes?, si ninguno levanta la mano, podríamos decir, ¿cuántos de ustedes tienen juguetes *que ya no usan*? ¿Estarían dispuestos a regalárselos a los niños que no tienen ninguno? De este modo, la enseñanza se vuelve más cercana a ellos, y por lo tanto, más pertinente.

Planificar la enseñanza

El aprendizaje asociativo busca precisamente que relacionemos el conocimiento existente con el nuevo. En el ejemplo que di anteriormente, que fue realizado sin profundidad, hago uso del conocimiento que el niño debe tener y luego agrego un elemento nuevo: las bondades de compartir con los que no tienen.

Por eso es tan importante la planificación, sobre todo en el estudio bíblico. Hay que hacer currículos completos, en los cuales vayamos construyendo conocimiento nuevo sobre el previo. He ido a iglesias en donde no se organiza la enseñanza con tiempo, sino que lo que se enseña depende de lo que quiera enseñar el docente asignado para ese domingo o ese día. Todo lo que se transmite en las clases debe estar previamente planeado. Aunque sabemos que muchas veces el Espíritu Santo puede movernos a predicar o enseñar algo que no estaba en el plan de clases, eso no debe ser una excusa para no planificar con tiempo los temas que se van a enseñar en la iglesia.

Una cosa es la predicación del servicio y otra es la educación bíblica que debemos de ofrecerle a la iglesia. La predicación del servicio debe ir dirigida a exhortar, motivar o corregir, mientras que la enseñanza (ya sea en grupos pequeños o clases) debe enfocarse en construir un cuerpo de conocimiento. Tal como venimos diciendo, esto debe ser intencionalmente planificado, construyendo un currículo estructurado con temas que se van asentando cual ladrillos sobre conocimientos existentes.

Seamos maestros que edifiquen la iglesia de Jesucristo sobre el fundamento de Jesús; de esta forma la iglesia madurará y crecerá conforme a la estatura del varón perfecto, Jesucristo.

CAPÍTULO 10

REFUERZO POSITIVO Y NEGATIVO

La pedagogía conductista, a través de uno de sus principales exponentes, B.F. Skinner, demostró en el siglo XX el impacto que tiene el condicionamiento operante, el cual establece que cuando un estudiante recibe un refuerzo positivo o recompensa cuando realiza una conducta, es más probable que la repita.

> **Cuando un estudiante recibe un refuerzo positivo o recompensa cuando realiza una conducta, es más probable que la repita**

Luego se estableció que ocurría algo similar, pero en sentido contrario, cuando se suministraba un refuerzo negativo o castigo para que una conducta no se repitiera más.[1]

---

1 Flores y Espinal (2022)

Esta teoría revolucionó la comprensión del aprendizaje y la enseñanza al explicar cómo las consecuencias de las acciones afectaban la probabilidad de que esas acciones se repitan en el futuro. El marco teórico del refuerzo positivo y negativo se encuentra dentro del ámbito de la psicología, específicamente en el campo del condicionamiento operante, que fue desarrollado principalmente por el psicólogo B. F. Skinner. Estos conceptos son fundamentales para comprender cómo se pueden influir y modificar los comportamientos mediante la aplicación de estímulos y consecuencias.

1. Refuerzo positivo

El refuerzo positivo implica la presentación de un estímulo agradable o deseable inmediatamente después de que ocurre un comportamiento deseado, con el propósito de aumentar la probabilidad de que ese comportamiento se repita en el futuro. En otras palabras, cuando se utiliza el refuerzo positivo, se está agregando algo al entorno del individuo para aumentar la frecuencia de una conducta específica.

Ejemplo: Si un docente elogia a un estudiante por su excelente desempeño en un examen (el estímulo agradable), es probable que el estudiante se sienta motivado a seguir estudiando y esforzándose en futuras evaluaciones.

2. Refuerzo negativo

El refuerzo negativo implica la eliminación o reducción de un estímulo aversivo o desagradable después de que ocurre un comportamiento indeseado, con el propósito de disminuir la probabilidad de que ese comportamiento se repita en el futuro. En este caso, el comportamiento produce la eliminación de algo no deseado, lo que reduce la probabilidad de que la conducta vuelva a ocurrir.

Por ejemplo, si un estudiante recibe una detención por llegar tarde a clase, pero luego muestra un patrón de puntualidad, el profesor puede decidir no aplicar más detenciones, lo cual reforzará la probabilidad de que el estudiante siga llegando puntualmente.

Es importante destacar que tanto el refuerzo positivo como el negativo se utilizan para aumentar la probabilidad de ocurrencia de un comportamiento específico. Sin embargo, difieren en la naturaleza del estímulo que se presenta o elimina. Mientras que el refuerzo positivo implica agregar algo agradable, el negativo implica eliminar algo desagradable. Ambos pueden ser eficaces en la modificación del comportamiento, pero es crucial considerar el contexto y las características individuales al seleccionar la estrategia adecuada.

Además de los refuerzos positivos y negativos, el condicionamiento operante también incluye el castigo, que implica la presentación de un estímulo aversivo después de una conducta con el objetivo de disminuir la probabilidad de que esta se repita en el futuro. Sin embargo, se ha demostrado que el uso excesivo o inapropiado del castigo puede tener efectos negativos, como el miedo, la ansiedad y la disminución de la autoestima, por lo que se recomienda su uso con precaución y en combinación con estrategias de refuerzo positivo.

La importancia de desarrollar un sistema de refuerzo positivo y negativo es que el niño va descubriendo que todas las decisiones que toma en su vida tienen una consecuencia, ya sea favorable o desfavorable. En Proverbios 3:11-12:

Hijo mío, no rechaces la disciplina del Señor ni te enojes cuando te corrige.

Pues el Señor corrige a los que ama, tal como un padre corrige al hijo que es su deleite

Este pasaje implica que Dios, como un padre amoroso, corrige a sus hijos como parte de su amor y preocupación por ellos. La disciplina de Dios puede entenderse como un refuerzo negativo, es decir, la presentación de un estímulo aversivo (la corrección o disciplina) después de una conducta no deseada, con el objetivo de disminuir la probabilidad de que esa conducta se repita en el futuro.

En términos de condicionamiento operante, la corrección de Dios se presenta como una respuesta a las acciones humanas que van en contra de su voluntad, con la intención de guiar a las personas hacia el comportamiento deseado. Al igual que un padre que corrige a su hijo para enseñarle y protegerlo del daño, Dios corrige a sus hijos para ayudarlos a crecer espiritualmente y a vivir de acuerdo con sus mandamientos y principios.

Por lo tanto, este versículo proporciona un ejemplo bíblico que valida la idea del condicionamiento operante, al mostrar cómo la corrección o el refuerzo negativo pueden ser utilizados por un padre amoroso, en este caso Dios, para moldear el comportamiento humano y promover la obediencia y la fidelidad a sus enseñanzas.

Jesús usó refuerzos positivos con sus discípulos

Jesús en una ocasión fue a Betania para visitar a Simón el leproso, y en ese momento una mujer se le acercó. Veamos lo que ocurrió:

> *Mientras tanto, Jesús se encontraba en Betania, en la casa de Simón, un hombre que había tenido lepra. Mientras comía] entró una mujer con un hermoso frasco de alabastro que contenía un perfume costoso, y lo derramó sobre la cabeza de Jesús.*
>
> *Los discípulos se indignaron al ver esto. «¡Qué desperdicio! —dijeron—. Podría haberse vendido a un alto precio y el dinero dado a los pobres».*
>
> *Jesús, consciente de esto, les respondió: «¿Por qué critican a esta mujer por hacer algo tan bueno conmigo? Siempre habrá pobres entre ustedes, pero a mí no siempre me tendrán. Ella ha derramado este perfume sobre mí a fin de preparar mi cuerpo para el entierro. Les digo la verdad, en cualquier lugar del mundo donde se predique la Buena Noticia, se recordará y se hablará de lo que hizo esta mujer.*

(Mateo 26:6-13).

Jesús en este pasaje utilizó un refuerzo positivo con esta mujer que decidió entregarle un perfume costoso. ¿Cuál fue ese refuerzo? El reconocimiento público. Esta es una estrategia la cual destacas frente a todos los demás la conducta que deseas que se repita. Esto no solo fortaleció a la mujer, sino que les permitió a los testigos evaluar y aprender. Esta es la conducta que Jesús espera de nosotros, lo que debemos replicar e imitar cuando aplicamos el reconocimiento en nuestras clases, y permitimos que el estudiante que hizo una buena acción o tuvo un buen resultado sea motivado a seguir repitiendo la conducta, y los demás sean desafiados.

Jesús también usó refuerzos negativos

La corrección es un acto de amor de parte del que reprende al reprendido, aunque tal vez en ese momento él o ella no lo vean de esa forma.

Jesús amonestó cuando debió hacerlo. Aunque mostró su amor y compasión, también exhortaba cuando era debido. Esto se refiere a un refuerzo negativo para evitar que las conductas indeseadas se sigan repitiendo. La corrección es un acto de amor de parte del que reprende al reprendido, aunque tal vez en ese momento él o ella no lo vean de esa forma.

Un ejemplo de cuando Jesús utilizó el refuerzo negativo se encuentra en el Evangelio de Mateo, en el episodio conocido como la purificación del templo. En este pasaje, Jesús entra al templo en Jerusalén y encuentra dentro a los vendedores que estaban comerciando y habían convertido la casa de oración en un mercado. Jesús reacciona con indignación y expulsa a los vendedores del templo, volcando las mesas de los cambistas y las sillas de los vendedores de palomas.

Mateo 21:12-13:

> *Jesús entró en el templo y comenzó a echar a todos los que compraban y vendían animales para el sacrificio. Volcó las mesas de los cambistas y las sillas de los que vendían palomas. Les dijo: «Las Escrituras declaran: "Mi templo será llamado casa de oración", ¡pero ustedes lo han convertido en una cueva de ladrones!*

En este episodio, Jesús utiliza una forma de refuerzo negativo al condenar la conducta de los comerciantes y expulsarlos del templo. La expulsión y la condena pública de sus acciones representan una consecuencia aversiva para los comerciantes, ya que provocó la pérdida de sus ingresos y la interrupción de sus actividades comerciales en el templo.

Aunque este ejemplo no involucra directamente a individuos específicos como destinatarios del refuerzo negativo, sí muestra cómo Jesús utilizó medidas enérgicas y la reprobación de ciertas acciones para corregir comportamientos que consideraba inapropiados o contrarios a los principios del Reino de Dios. En este caso, el refuerzo negativo se utiliza para restaurar la santidad y el propósito espiritual del templo como casa de oración, en lugar de un lugar de comercio.

Otro ejemplo de Jesús usando el refuerzo negativo es cuando cuenta la historia del rico y Lázaro (Lucas 16:19-31). La historia del rico y Lázaro muestra a este hombre que era rico y a un mendigo. En el pasaje vemos que ambos mueren y uno va al infierno (el rico), mientras que el otro va al cielo (el mendigo). Esta parábola es la única en la cual Jesús identifica a los personajes por nombre, lo que ha llevado a algunos teólogos a pensar que esta no era una parábola, sino una historia real cuyos personajes eran reconocidos por la audiencia. La enseñanza muestra las consecuencias de vivir una vida en pecado. Al hablar del pecado y del infierno como la mayor consecuencia de vivir fuera de la voluntad de Dios, Jesús dio un refuerzo negativo para disminuir esta conducta de vivir en pecado y aumentar la conducta que él desea: vivir una vida en obediencia al Padre.

Al principio cuando comencé a ser maestro, no tenía estudios en educación (ya conté la parte en que llegué a ser maestro por casualidad). En ese momento no me gustaba amonestar, corregir, regañar a mis estudiantes ni confrontarlos, porque quería ser el maestro cool, el favorito de la escuela. En ese momento tenía unos veintidós años. Recuerdo que, para ese entonces, era un docente muy permisivo. Como Dios hace unas muchas movidas en nuestras vidas y cambia nuestros planes para desarrollarnos mejor, en ese proceso me cambiaron de escuela. Me tocó enseñar en una escuela dirigida a estudiantes desertores (que habían abandonado sus estudios o que habían tenido algún problema con la ley). Allí me di cuenta de que las personas, para ser mejores, necesitan estructuras. Entonces comencé a ser más estricto con ellos y a amonestarlos para que cambiaran de actitud, no solo en mi clase, sino en su vida en general. Muchos de esos jóvenes iban por malos caminos.

Personalmente, tuve que cambiar mi forma de ver la corrección, porque antes pensaba que si no los regañaba me iba a ganar su confianza, pero me di cuenta de que estaba equivocado, y que era todo lo contrario: mis estudiantes comenzaron a buscarme para pedirme consejos. En la hora de almuerzo se quedaban conmigo en el salón pidiéndome opiniones sobre decisiones que debían tomar. Allí entendí que ser maestros permisivos no significa que los amemos más.

Aunque los maestros no somos los padres de los estudiantes, somos una figura de autoridad en sus vidas. En ese momento aprendí un proverbio de Salomón: *"El que no corrige a su hijo, no lo quiere; el que lo ama, lo corrige"* (Proverbios 13:24 NBV). Y aunque los maestros no somos los padres de los estudiantes, somos una figura de autoridad en sus vidas.

Los maestros y la corrección

La corrección al principio no le gusta a nadie, pero después nos damos cuenta de que es necesaria. La disciplina es parte del amor.

Como dice la Biblia:

> *Ninguna disciplina resulta agradable a la hora de recibirla. Al contrario, ¡es dolorosa! Pero después, produce la apacible cosecha de una vida recta para los que han sido entrenados por ella.* (Hebreos 12:11).

Muchas veces me he topado con la triste realidad de que nosotros somos la principal o la única fuente de autoridad para esos niños o adolescentes, y cuando digo nosotros, me refiero a todos los que nos tomamos en serio la educación de ese estudiante, ya sea en la escuela o en la iglesia. Hoy en día, tristemente, muchos padres han perdido la autoridad en sus casas y esto provoca consecuencias trágicas.

En nuestra escuela varias veces hemos tenido casos en que los padres nos llaman para que los ayudemos con la disciplina de sus hijos, porque ellos no los pueden controlar, o los amenazan con decirnos a nosotros, la explicación que dan es: "Es que él les hace caso a ustedes y a mí no".

La disciplina produce justicia y paz. Los maestros debemos entender que nuestro ministerio es más importante de lo que pensamos. **La disciplina que impartimos debe dirigir a nuestros estudiantes a la cruz.**

a) Nuestra corrección debe llevar a los discípulos de Jesús a alcanzar la justicia. La justicia es la rectitud ante Dios, algo que el ser humano no puede alcanzar por sus propias fuerzas, sino por la muerte de Jesús en la cruz. *La disciplina que impartimos debe dirigir a nuestros estudiantes a la cruz.*

¿Estamos disciplinando a nuestros estudiantes para dirigirlos a la cruz? ¿Cómo disciplinamos teniendo en mente esto? La disciplina de acuerdo con la ley es que nosotros los seres humanos hemos pecado contra Dios. "Sin embargo, la cruz nos muestra que Jesús pagó el precio por mí. Dios ha provisto un medio por el cual al hombre se le puede perdonar, declarar justo, y hacerlo recto a los ojos de Dios. Este es el significado y propósito de la muerte de Cristo por todos los hombres; el Justo murió para hacer justo al pecador".[2] Así que una disciplina dirigida por la cruz muestra el perdón inmerecido que Dios nos otorga mediante su sacrificio.

b) Lo segundo es que la disciplina debe producir *paz* en los hijos de Dios. El apóstol Pablo, en Romanos 5:1-2 NBV, establece lo siguiente:

Así que, ahora que Dios nos ha declarado justos por haber creído, disfrutamos de la paz con Dios gracias a lo que Jesucristo nuestro Señor hizo por nosotros. Por medio de él, y confiando en su promesa, participamos de ese amor que no merecemos, y en el cual nos mantenemos firmes. Incluso nos sentimos orgullosos de la esperanza de gozar de la gloria de Dios.

¿Qué paz debemos mostrar en nuestra disciplina? La paz de que nuestros estudiantes han sido perdonados por Dios. La disciplina que apliquemos debe ir acompañada de misericordia. Es decir, una vez que hayamos corregido la conducta de nuestros estudiantes, debemos ser capaces de mostrarles el perdón de Dios. Es preciso hacerles saber que no importa cuánto o cómo hayan fallado, Dios extiende su perdón y pueden tener la tranquilidad de que si se arrepienten, él los perdonará. Este mensaje nunca debe estar en duda; siempre debe estar implícito y explícito en todo lo que hagamos como docentes.

---

2 Cox (2009).

La corrección se redefine a través de la Palabra de Dios. No es una disciplina de acuerdo con nuestra humanidad, sino de acuerdo con Cristo y el plan que Él tiene diseñado para nuestros estudiantes.

Técnicas para el desarrollo de conductas positivas

Una vez que hemos establecido la definición bíblica de lo que se espera de nosotros como docentes en cuanto a refuerzos positivos y negativos de acuerdo con la Palabra de Dios, podemos recurrir a técnicas en concreto que nos ofrece la educación.

1.Modelado: la primera técnica es presentarle al estudiante un ejemplo que ellos puedan seguir. Cuando mostramos un ejemplo de la conducta que deseamos que el aprendiz muestre, se le hará más fácil seguirlo. En nuestro caso, el modelo que debemos mostrar es Jesús.

2.Inducción: inducir es ir dirigiendo lentamente a nuestros estudiantes hacia las conductas que deseamos que ellos incorporen. Esto puede lograrse mediante estímulos visuales, auditivos o táctiles. Por ejemplo, si queremos que los estudiantes estén más tranquilos podríamos hacer sonar de fondo una música tranquila.

3.Disminución: en ocasiones, cuando deseamos que una conducta se repita, se utiliza el recurso de ofrecer premios o bonificaciones, como por ejemplo dulces, puntos extras, entre otras recompensas. El interés de los docentes debe ser que los estudiantes repliquen estas conductas sin la necesidad de premiarlos, por lo tanto, a medida que la conducta se incorpora, se quitan los premios. También se puede recurrir al incremento.

4. **Incremento:** es subir el estándar de conducta para obtener la recompensa. Por ejemplo, si antes reconocíamos al estudiante cuando obtenía una calificación buena, ahora podríamos decir, "esta vez tendrás el premio si obtienes cinco calificaciones buenas consecutivas". Con esta acción no eliminamos el incentivo, sino que aumentamos la dificultad para hacer que la conducta sea más recurrente.

5. **Refuerzo:** el refuerzo se trata de estimular al estudiante cuando realiza una acción que deseamos.

Al aplicar estas técnicas, debemos tener sumo cuidado de no premiar a los estudiantes cuando están haciendo una conducta que no deseamos. A veces tendemos a recompensar de forma inconsciente algún comportamiento indeseable. Un ejemplo podría ser un estudiante que no sigue instrucciones ni acata directivas, pero al que le prestas más atención cuando muestra ese tipo de conductas que cuando realiza una acción positiva. Los problemas de conducta de los alumnos, en algunos casos, se deben a la falta de atención que reciben en su casa. Se comportan de esa forma porque es la única manera que tienen de lograr llamar nuestra atención.

Técnicas para la eliminación de conductas indeseadas

Existen técnicas de las que podemos valernos para extinguir o eliminar una conducta incorrecta en nuestros estudiantes. A continuación, menciono algunas de ellas:

1. Extinción: Consiste en eliminar las posibles recompensas que estén alimentando las prácticas que no deseamos que el estudiante repita. Si este es el caso con uno de nuestros estudiantes, si estamos intentando por todos los medios erradicar un comportamiento no saludable, pero sin éxito, cabe hacer un análisis y preguntarnos si acaso nosotros sin darnos cuenta estamos reforzando o incentivando a que se repitan e instalen como normales esas prácticas.

2. Castigo: El castigo es una consecuencia negativa ante las conductas desagradables. Existen dos tipos de castigos: positivo y negativo.

a. El castigo positivo consiste en añadir algo que es desagradable. Un castigo positivo pudiera ser darles más trabajos prácticos debido a una conducta que fue incorrecta. Por ejemplo, si el estudiante no terminó su tarea, un castigo positivo sería darle esa tarea y además alguna adicional para la casa. Otro ejemplo sería que le deleguemos más tareas si observamos que al enviarlo a hacer alguna tarea servicial en la iglesia lo hace de mala gana.

El objetivo de la disciplina es acercar a tus estudiantes a Dios, no alejarlos.

b. El castigo negativo es eliminar algo que es agradable, ante una conducta negativa. Es quitarle esas cosas que le gustan cuando hace algo mal, por ejemplo, privarlo de la excursión con el grupo o sacarle el tiempo de juegos. Cabe una recomendación en este caso: no los privemos de actividades que los acercan a Dios (por ejemplo, no darles permiso para asistir al retiro, cuando sabemos que son un tiempo maravilloso en donde Dios les habla). Recuerda que el objetivo de la disciplina es acercar a tus estudiantes a Dios, no alejarlos.

3. Tiempo fuera: El tiempo fuera es aislar temporalmente al estudiante para que podamos disminuir una mala conducta. Es importante que sea temporario y que no sea en detrimento de su integridad y salud espiritual. El tiempo fuera ayuda a que, si está recibiendo alguna recompensa por parte de sus compañeros o del propio maestro de forma inconsciente, no la reciba más, y que la mala conducta se pueda extinguir.

4. Corrección a futuro: Consiste en realizar actividades que no solo permitan la corrección en el momento actual, sino que (esto funciona mejor para los adolescentes y jóvenes que para los niños pequeños) puedan ver las consecuencias de sus actos para su futuro. Muchas veces ellos no entienden que las acciones que realizan tienen efectos, y una forma de minimizar ciertas conductas es mostrando lo que podría suceder de continuar con ese proceder. Un ejemplo sería, si es un estudiante que está a punto de terminar la escuela y no está estudiando, ¿qué consecuencia tendría para su entrada a la universidad el hecho de bajar las notas?

La aplicación de refuerzos positivos y negativos constituye una estrategia que fue empleada por nuestro Señor Jesús y que nosotros, como discípulos de Cristo, también debemos adoptar para moldear a aquellos que siguen sus enseñanzas. Es crucial recordar que la tarea del maestro consiste en guiar a las nuevas generaciones hacia la imitación de Cristo. Por lo tanto, al utilizar estas estrategias, es imperativo tener en mente que nuestro modelo a seguir es nuestro Maestro. La puesta en acción de cada una de estas estrategias debe realizarse con amor, evitando su implementación en momentos de enojo, ya que la ira puede distorsionar su efectividad.

CAPÍTULO 11

ENSEÑANZA INDIVIDUALIZADA

La educación individualizada es uno de mis temas favoritos porque está desarrollada de acuerdo con el carácter de Dios. Él creó a los seres humanos diferentes entre sí, aunque a imagen y semejanza de él mismo.

La enseñanza individualizada es un enfoque educativo que se centra en adaptar la instrucción para satisfacer las necesidades individuales de cada estudiante. Este marco teórico reconoce que los estudiantes tienen diferentes estilos de aprendizaje, ritmos de progreso y áreas de fortaleza y debilidad, por lo tanto requieren un enfoque educativo personalizado para alcanzar su máximo potencial. A continuación, se presenta un marco teórico que destaca los principios clave y las estrategias asociadas con la enseñanza individualizada:

Diferenciación del currículo: La enseñanza individualizada implica adaptar el contenido, los métodos de instrucción y las evaluaciones para satisfacer las necesidades de aprendizaje únicas de cada estudiante. Esto puede implicar la modificación del nivel de dificultad, la profundidad o el formato de las actividades educativas para asegurar que sean accesibles y significativas para cada estudiante.

Evaluación formativa: La evaluación formativa desempeña un papel crucial en la enseñanza individualizada porque proporciona retroalimentación continua sobre el progreso del estudiante e identifica áreas que requieren atención adicional. Esta retroalimentación informa la planificación de la instrucción futura y ayuda a ajustar el enfoque educativo para satisfacer las necesidades cambiantes del estudiante.

Aprendizaje activo y autodirigido: La enseñanza individualizada fomenta el aprendizaje activo y autodirigido al permitir que los estudiantes tengan un mayor control sobre su proceso de aprendizaje. Esto puede incluir la oportunidad de elegir actividades, explorar temas de interés personal y establecer metas de aprendizaje individualizadas.

Uso de tecnología educativa: La tecnología educativa desempeña un papel importante en la enseñanza individualizada al proporcionar recursos y herramientas que se pueden adaptar a las necesidades específicas de los estudiantes. Esto incluye programas informáticos interactivos, plataformas en línea de aprendizaje personalizado y recursos multimedia que permitan a los estudiantes aprender a su propio ritmo y estilo.

Colaboración entre educadores: La enseñanza individualizada requiere una colaboración cercana entre educadores para compartir información sobre el progreso del estudiante, intercambiar ideas sobre estrategias efectivas y coordinar esfuerzos para garantizar una experiencia educativa coherente y cohesionada para cada estudiante.

El desarrollo de cada estudiante es único, por lo tanto, el aprendizaje individualizado permite darle prioridad a lo que cada uno necesita.

El desarrollo de cada estudiante es único, por lo tanto, el aprendizaje individualizado permite darle prioridad a lo que cada uno necesita. El individuo tiene su propia identidad, porque así fuimos creados.

La Biblia lo describe de la siguiente forma en Romanos 12:4-5:

Así como nuestro cuerpo tiene muchas partes y cada parte tiene una función específica, el cuerpo de Cristo también. Nosotros somos las diversas partes de un solo cuerpo y nos pertenecemos unos a otros.

El apóstol Pablo en este versículo habla de las diferencias. Las partes del cuerpo son diversas, tienen distintas funciones, pero todas se complementan. Yo tengo fortalezas y otros tienen otras; yo tengo unas debilidades y a lo mejor en esas áreas otros son más fuertes. Todos nos edificamos para llegar a la estatura del varón perfecto, Jesús, que es el anhelo del corazón de Dios (Efesios 4:13).

La pedagogía y las inteligencias múltiples

La psicología lo explica desde la teoría de las inteligencias múltiples, creada por el psicólogo Howard Gardner. Él plantea que los seres humanos somos diferentes, por lo tanto, no existe eso de que "no soy inteligente", sino que cada individuo tiene un tipo de inteligencia distinto. En total enumera ocho:

1. Inteligencia lingüística: la poseen aquellos que dominan las palabras y los idiomas con facilidad. Este tipo de inteligencia se observa en aquellos que son escritores, periodistas, actores, intérpretes. Es importante señalar que no solo se limita al lenguaje escrito y oral, sino que incluye el lenguaje no verbal.

2. Inteligencia lógico-matemática: tienen esta clase de inteligencia las personas con capacidad para utilizar la lógica en la resolución de problemas matemáticos. Es más palpable en científicos, economistas, académicos, ingenieros, entre otros.

3. Inteligencia espacial: es la capacidad de observar el mundo con diferentes perspectivas, la habilidad de imaginar objetos tridimensionales o visualizar objetos o cosas en donde solo se ve un espacio vacío. La inteligencia espacial se contempla por ejemplo en pintores, fotógrafos, diseñadores, publicistas y arquitectos.

4. Inteligencia musical: les permite a quienes la poseen detectar con mayor facilidad los patrones rítmicos y melódicos. Los que tienen la inteligencia musical más desarrollada son cantantes, músicos o compositores.

5. Inteligencia corporal y cinestésica: las personas que manejan este tipo de inteligencia pueden dominar su cuerpo y controlar sus movimientos, desde la motricidad gruesa hasta la fina. Quienes tienen este dominio por excelencia son los actores, deportistas, bailarines (inclusive los médicos cirujanos deben tener desarrollado este tipo de inteligencia para manejar con precisión los movimientos que se requieren en una intervención quirúrgica, por ejemplo).

6. Inteligencia intrapersonal: los individuos que tienen un alto dominio de la inteligencia intrapersonal son hábiles en controlar sus emociones y su actuación ante determinadas circunstancias. Es decir que tienen un alto conocimiento de sí mismos, por lo tanto, son capaces de dominar sus sentimientos.

7. Inteligencia interpersonal: si alguna vez te has dado cuenta de que puedes recibir más información de las personas, porque eres capaz de interpretar los gestos, movimientos y ademanes, se te hace fácil empatizar con los demás, entonces la inteligencia que más predomina en ti es la interpersonal.

La teoría de las inteligencias múltiples, aunque no es perfecta, tiene un elemento que nos permite considerar algo más que la inteligencia tradicional, la meramente intelectual. También contiene un elemento espiritual y es lo que la Biblia afirma, que hemos sido creados por Dios con dones y talentos distintos para la mutua edificación.

La teoría no rechaza que una persona pueda aprender una habilidad para la cual no tiene la inteligencia; puede hacerlo, pero requerirá más esfuerzo que alguien que sí posee dicha inteligencia o habilidad natural, como la conocemos coloquialmente.

Jesús y la enseñanza individualizada

Jesús empleó la enseñanza individualizada al adaptarla en su liderazgo a las necesidades, personalidades y contextos de sus discípulos. Aquí tenemos algunos ejemplos concretos:

Pedro: Pedro era conocido por ser impulsivo y en ocasiones actuaba sin pensar. Jesús utilizó un enfoque más directo y a menudo reprendió a Pedro cuando era necesario. Un ejemplo destacado es cuando Pedro intentó disuadir a Jesús de seguir el camino hacia la cruz, y Jesús lo reprende severamente (Mateo 16:21-23) Sin embargo, Jesús también reconoció el potencial de Pedro y lo animó a liderar la iglesia después de su resurrección.

Juan: Juan era conocido como el discípulo amado de Jesús y tenía una relación cercana con Él. Jesús utilizó un enfoque más compasivo y afectuoso con él. Por ejemplo, el momento en el que Jesús está en la cruz y le dice a Juan que ahí estaba su madre, esto puede tener varias interpretaciones, pero casi todos los teólogos coinciden en que probablemente José había muerto y Jesús estaba confiando a su madre bajo el cuidado del discípulo que Él amaba. Esto permitió un crecimiento aún mayor en la vida de Juan. (Juan 19:26-27).

Santiago: Santiago, junto con su hermano Juan, era conocido por tener un carácter ambicioso y deseaba ocupar lugares de honor en el Reino de Dios. Jesús le enseñó a Santiago sobre el verdadero liderazgo y servicio al enfrentar su ambición con enseñanzas sobre la humildad y el servicio. Por ejemplo, cuando Santiago y Juan pidieron ocupar puestos honoríficos en el Reino, Jesús les enseñó que el verdadero liderazgo implica servir a los demás y estar dispuesto a sacrificarse por ellos (Marcos 10:35-45).

Jesús adaptó su enseñanza y liderazgo a las necesidades y características individuales de sus discípulos

Estos ejemplos ilustran cómo Jesús adaptó su enseñanza y liderazgo a las necesidades y características individuales de susdiscípulos. Utilizó diferentes enfoques y estrategias para guiar, corregir y equipar a cada uno de ellos de acuerdo con su personalidad y potencial único. De esta manera, Jesús demostró el principio de la enseñanza individualizada, reconoció las diferencias y adaptó su enseñanza para maximizar el crecimiento y el desarrollo de sus discípulos. El fundamento de todo el aprendizaje individualizado es precisamente la realidad de que todos los seres humanos somos diferentes. A continuación, desarrollaremos concretamente cómo llevamos a la práctica la enseñanza individualizada:

1. Conoce a tus estudiantes. Jesús se encargó de conocer bien a sus discípulos. Sabía sus fortalezas y debilidades, y en varias ocasiones los puso a prueba. De la misma manera, debemos conocer a nuestros estudiantes. Te sugiero que hagas un análisis de las fortalezas y debilidades. Pero ¿cómo lo hacemos? Debemos invertir tiempo en ellos, esto a veces implica quedarse unos minutos después de las clases o citarlos antes de empezar o almorzar con ellos. El que me conoce de cerca saber que tengo mala memoria. ¿Cómo hago para conocer a mis estudiantes y recordar detalles? Luego de hablar con ellos, anoto todo en mi celular y así cuando sé que los voy a volver a ver reviso lo que escribí y puedo hacer preguntas puntuales, ¿cómo está tu mamá, ya está mejor?

2. Evalúa el nivel de conocimiento de tus estudiantes. Nosotros no podemos enseñarles de la misma forma a todos ni emplear el mismo material, porque es una realidad que no todos los estudiantes de una clase están en el mismo nivel. Y en las iglesias esto es más marcado, porque ahí no evaluamos el conocimiento previo como lo hacemos en las escuelas, y a veces recibimos estudiantes diversos en el mismo salón solo porque tienen la misma edad, pero quizás no tengan el mismo nivel de conocimiento y madurez.

Por lo tanto, para un mejor desarrollo del aprendizaje, no es recomendable ubicar a los estudiantes por edad, sino por su nivel de conocimiento y madurez. Es una realidad que a veces por falta de recursos (ya sea de espacio o de maestros) esto no es posible, pero mientras exista la posibilidad, lo óptimo es separarlos de esa forma, así ellos aprenderán de acuerdo con su nivel de conocimiento y comprensión de la Palabra, no se repetirá información que ya saben, crecerán y madurarán en el conocimiento de Dios.

Aconsejo que tengas un grupo para aquellos estudiantes nuevos; puede ser un grupo de discipulado para primeros pasos. En esos grupos puedes medir el nivel de madurez espiritual según la etapa que estén atravesando (niñez, pre y adolescencia o juventud) y a partir de ahí distribuirlos en las clases a las que mejor se ajusten. Además, este tipo de estrategia te permite no solo evaluar, sino enseñar los preceptos que son necesarios para tu iglesia.

3. Utiliza actividades que sean adecuadas al nivel de conocimientos de tus estudiantes. Una vez que hayas analizado el nivel de conocimiento, entonces debes determinar el tipo de actividades que realizarás.

4. No utilices una sola estrategia. Los docentes no debemos usar una sola estrategia para enseñar los contenidos porque, como ya expliqué anteriormente, los estudiantes aprenden de formas distintas. Lo ideal para una educación efectiva es que se pueda desarrollar una amplitud de métodos y estrategias para hacerlo más didáctico. Veamos dos ejemplos concretos, uno para una clase tradicional y otro para una clase bíblica.

Una nota práctica

Respecto de la planificación de clase, me gustaría darles un secreto que me ha funcionado bien: dividir la clase en cinco partes. A continuación, muestro el esquema que utilizo y la importancia de cada sección.

Parte 1: Actividad de inicio. Esta acción tiene la función de captar la atención del estudiante. Para que funcione, debe cumplir con estas características:

> **i. Movida.** El estudiante no debe permanecer sentado, porque probablemente lo estará durante el resto de la clase y si queremos que no esté inquieto cuando la clase esté

a pleno, debemos permitirle moverse en esta dinámica inicial. No olvides que son niños.

ii. Interesante: Debe ser divertida. Recuerda que la visión que muchos tienen es que la educación es aburrida, por lo tanto, si la actividad es divertida, eso ayudará a cambiar esta percepción.

iii. Sencilla: No puede ser una actividad muy compleja; se supone que a esta parte de la clase se le asigna poco tiempo, por lo tanto, si es complicada se te irá el tiempo tratando de explicar las instrucciones.

iv. Corta: La dinámica de rompehielos *no es* la clase.

v. Original: No debes repetir las mismas actividades, porque los estudiantes se van a aburrir si la realizas demasiadas veces.

Parte 2: La lección. Es el momento en el que el docente enseña. Para esto también hay muchas estrategias, al seleccionar algunas de ellas, debemos analizar la información a enseñar, el tipo de estudiante que tienes frente a ti, e intercambiar estrategias (no usar siempre las mismas).

La lección debe ser ajustada tomando en consideración los siguientes elementos:

La edad de los estudiantes. La forma en que enseñamos debe ser de acuerdo con la edad. Si son niños menores de diez años, tratemos de enseñar la lección de una forma en que ellos no estén mucho tiempo sentados. Los niños siguen siendo niños, y a veces a los maestros se nos olvida eso, por lo tanto, usemos actividades que no sean estáticas y que no lleven mucho tiempo en una misma estrategia. Si son niños más grandes, con ellos podemos usar estrategias más tranquilas.

Estrategias para menores de 10 años:

a. Narración de historias bíblicas: En lugar de leerles todo el pasaje, es más eficiente narrarles la historia. Debemos hacerlo de una forma interesante y con un tono de voz que llame la atención. Una metodología que funciona muy bien es crear marionetas con los personajes de la historia. Otra forma es crear los personajes con nuestra voz, dándole un tono único a cada uno.

b. Canciones y música: Usar canciones ayuda a los estudiantes a retener mejor la información. Además, podemos incluir bailes de acuerdo con las canciones y los personajes que se están estudiando.

Estrategias para mayores de 10 años:

a. Estudio dirigido de la Biblia: a los mayores de diez años debemos comenzar a introducirlos en el estudio de la Biblia. Podemos realizar el estudio como lo haríamos en nuestros tiempos a solas. Por ejemplo: buscar el pasaje que vamos a estudiar, leerlo con ellos y luego realizar preguntas para que ellos puedan guiarse por el estudio del pasaje.

b. Estudios de casos: presentar casos o situaciones de la vida real que planteen dilemas cristianos o decisiones difíciles, y guía a los estudiantes para que reflexionen sobre cómo

PEDAGOGÍA AL ESTILO DE JESÚS

aplicar los preceptos bíblicos en estas situaciones. Animar a la resolución de problemas y el pensamiento crítico.

c. Integración de la tecnología: usar la tecnología para estos estudiantes es un valor añadido; esto nos permitirá usar juegos, presentaciones, etc. El uso de la tecnología es cada vez más necesario en nuestras clases, debido a que los estudiantes reciben muchos estímulos, y aquellas clases que no los tengan les resultarán aburridas.

Parte 3: Aplicación individual. Crear alguna actividad en la cual los estudiantes puedan aplicar lo que aprendieron de forma personal. Si dejamos la aplicación para la siguiente clase o para algún otro momento, nuestros alumnos no le encontrarán sentido a la lección, por lo tanto, se olvidarán de ella.

Para esta sección de la enseñanza pueden usar distintas técnicas, les doy algunas que se podrían implementar (recordemos que la creatividad es nuestra mejor aliada en la creación de las estrategias).

a. Hacer un plan de acción personal: Podemos pedirles que desarrollen un plan de acción personal basado en el pasaje estudiado. Deben identificar acciones concretas que puedan llevar a cabo para aplicar los principios aprendidos. Por ejemplo, podrían comprometerse a practicar la bondad, perdonar a alguien o compartir su fe con otros.

b. Realizar una manualidad: Para los más pequeños, crear una manualidad que les permita recordar lo que estudiaron es una ventaja. Recordemos que lo que deseamos en esta sección de la enseñanza es que los estudiantes se acuerden de lo que aprendieron.

Parte 4: Aplicación grupal. La aplicación grupal o trabajos en grupo muchas veces son odiados por los estudiantes y también por los mismos maestros, pero de esta técnica se desprenden muchas destrezas que se necesitan aprender. Además, los estudiantes pueden aprender de sus compañeros lo que no les quedó tan claro cuando el docente lo explicó.

a. Discusión grupal: Organizar una sesión de discusión grupal en la que los participantes puedan compartir sus reflexiones, preguntas y aplicaciones personales del pasaje. Podemos animar a todos a participar (no obligar) y a respetar las opiniones de los demás. Es importante guiar la discusión con preguntas abiertas que estimulen el pensamiento crítico y la reflexión profunda.

b. Dramatización o representación: Dividir el pasaje bíblico en segmentos y pedir a los miembros del grupo que actúen o representen cada parte. Esto les ayudará a visualizar y comprender mejor el mensaje del pasaje, así como a experimentarlo de manera más vívida y memorable.

c. Juegos de roles: Crear situaciones basadas en el pasaje bíblico y pedirles a los estudiantes que asuman diferentes roles dentro de esas situaciones. Esto les permitirá explorar cómo aplicar los principios del pasaje en contextos específicos y desarrollar habilidades de resolución de problemas y toma de decisiones.

d. Creación de proyectos colaborativos: Invitar a los participantes a trabajar juntos en la creación de proyectos colaborativos basados en el pasaje bíblico. Esto podría incluir la producción de una obra de teatro, la elaboración de un mural artístico, la composición de una canción o la escritura de una reflexión grupal. Nos vamos a sorprender de los dones y talentos que tienen nuestros estudiantes.

Parte 5: El cierre. ¿Escucharon el refrán que dice: "hay que cerrar con broche de oro"? Seguro quien lo inventó era maestro. El cierre es un elemento imprescindible en el proceso de aprendizaje. La mayoría de los estudiantes se va a acordar solo de ese momento, por lo tanto, debemos desarrollar estrategias para que puedan recordar la información necesaria. El cierre de una lección ayuda a recordar la información. La fijación del conocimiento es un proceso fundamental en el aprendizaje que implica la consolidación y almacenamiento de la información en la memoria a largo plazo. Es un paso crucial para garantizar que lo que se aprenda no se olvide fácilmente y que los estudiantes puedan recuperarlo y aplicarlo cuando sea necesario.

¿Qué estrategias podemos usar para cerrar la clase de forma correcta?

a. Resumen interactivo: Pedirles a los niños que compartan lo que más les impactó de la lección o que resuman los principales puntos aprendidos. Es importante animarlos a levantar la mano y compartir sus ideas, también ofrecer elogios y reconocimientos a quienes participen.

b. Actividad de reflexión: Podemos cerrar con una actividad de reflexión que invite a los niños a pensar cómo pueden aplicar lo que han aprendido en su vida diaria. Por ejemplo, podríamos preguntarles: "¿Cómo pueden demostrar amor a los demás esta semana?" o "¿Qué pueden hacer para ser más amables con sus amigos y familiares?"

Clase típica

Vayamos a un ejemplo concreto de una clase típica. Pondré el caso de una clase de lengua y gramática como las que doy a menudo. Supongamos que debemos enseñar una lección de reglas de acentuación. ¿Cómo organizaría mi clase?

Unidad de enseñanza: Reglas de acentuación

Tema: Palabras agudas

Parte 1: Inicio

Tengo una bolita o canica en mi mano (el elemento es para controlar las contestaciones, de esta forma nadie contestará fuera de tiempo y siempre tendrás a alguien para contestar, el que tiene la bolita). Voy a decir una palabra y el estudiante que yo elija me tiene que decir si lleva tilde o no. El participante tiene cinco segundos para responder. Si responde correctamente "se salva"; si no, tiene que realizar un reto de los que he colocado en la pizarra.

Parte 2: Enseñanza

Escribo en la pizarra lo que son las palabras agudas. (Si la clase dura una hora, explico solo las palabras agudas y en otra clase puedo explicar las demás. Si es más tiempo puedo explicar las cuatro reglas de acentuación: aguda, grave, esdrújula y sobreesdrújula). Hago una explicación breve, con un refuerzo visual, y me aseguro de que todos los estudiantes entendieron.

Parte 3: Aplicación individual

Escribo una lista de palabras y los estudiantes me deben decir si son agudas o no, y si llevan tilde o no.

Parte 4: Aplicación grupal

Utilizo una aplicación como Kahoot o Plickers para crear preguntas sobre las palabras agudas y hago una competencia entre grupos.

Parte 5: Cierre

Les pido a mis estudiantes que escriban, a través de la plataforma de mensajería de la escuela, un mensaje de texto resumiendo lo que son las palabras agudas y se lo envíen a un compañero.

Espero que este ejemplo práctico de una clase habitual que enseño en la escuela te haya servido para entender un poco mejor los cinco pasos.

Ejemplo para una clase bíblica

Como este material también va dirigido a maestros de escuela bíblica quisiera poner un ejemplo igual de práctico. Veámoslo juntos.

Tema: Las dudas y la fe (Mateo 14:22-33)

Edad de los estudiantes: 10 años o más

Parte 1: Inicio

Rompehielos: el péndulo. Coloco a los estudiantes de pie en un círculo, y le pido a uno de ellos que sea voluntario y se coloque en el centro, con los brazos al costado de su cuerpo. Los compañeros deben estar bastante cerca entre sí, y le dicen al que está en el medio que debe dejarse caer hacia ellos. Los compañeros lo agarran y deben balancearlo suavemente hacia otros compañeros. El que está en el medio debe confiar en que sus compañeros no lo dejarán caer, porque no puede moverse ni agarrarse. Este es un ejercicio de confianza.

Parte 2: Lección

Leemos el pasaje de Mateo 14:22-33. Hago preguntas (Estudio 33, *La Biblia para grupos pequeños*, publicada por e625.com)

1. ¿Cuáles son las dudas más comunes que experimentan los cristianos?

2. ¿Qué personajes dudan en este texto? ¿Cómo se muestra su duda? ¿Por qué tuvieron dudas?

3. ¿Cómo enfrentan las dudas en este texto?

4. ¿Cuál fue el resultado?

Parte 3: Aplicación individual

Digo: "Piensa en algún momento en el que hayas tenido dudas. Luego de leer nuevamente este pasaje escríbele una carta a ese yo de un tiempo anterior que dudaba. Dile lo que piensas y lo que sientes, y cómo ves ahora, a la distancia, ese momento anterior de dudas".

Parte 4: Aplicación grupal

Les asigno un caso de estudio, de un supuesto compañero (ficticio, pero con una situación real y creíble) que está atravesando por un momento de dudas. Los alumnos deberán pensar qué le aconsejarían hacer.

Parte 5: Cierre

Les pido a los estudiantes que desarrollen un plan para que la próxima vez que enfrenten dudas, determinen qué van a hacer. Por ejemplo: llamar a mi líder para que hablemos, leer este pasaje o algún otro, etc. Luego, cierro con una oración en la que le pedimos a Dios que nos dé fe y nos ayude a lidiar con nuestras dudas.

No quiero terminar este capítulo sin recordar que cada estudiante es distinto. Lo recomendable es variar las estrategias y el tipo de actividades pensando en que todos aprenden de distinta manera.

CAPÍTULO 12

ENSEÑANZA PRÁCTICA

La enseñanza práctica o aprendizaje pertinente, me ha llevado a investigar por qué nuestro Señor Jesús enseñó de esa forma. Dios nos creó con la capacidad de aprender de nuestros errores mientras ponemos en práctica las enseñanzas; es preciso que lo que aprendamos tenga un punto de contacto con nuestra realidad.

Los conocimientos que reciben los estudiantes deben ser relevantes para su vida cotidiana, no tanto para la nuestra como docentes. Es primordial comprender que lo que para nosotros es relevante, no necesariamente lo sea para los alumnos.

Malas prácticas que desmotivan a nuestros estudiantes

Los educadores debemos conocer cuáles son aquellas prácticas que desmotivan a nuestros estudiantes. En esta sección demostraré algunas que hacemos en nuestras iglesias sin darnos cuenta. Dichas prácticas se pueden trabajar cuando realizamos una planificación adecuada del contenido que se enseñará.

1. La repetición de los contenidos. Un error frecuente en las iglesias y en las escuelas es tener un currículo repetitivo en su contenido. Diseñar uno nuevo para cada año en las iglesias, basado en la información de lo que vieron el año anterior, es fundamental para garantizar un aprendizaje continuo y relevante dentro de la comunidad. Esta práctica ofrece una serie de beneficios significativos que fortalecen tanto a la enseñanza como al crecimiento espiritual de los miembros:

a. Personalización del aprendizaje: Al basar el currículo en la información de lo que se enseñó el año anterior, las iglesias pueden adaptar el contenido para satisfacer las necesidades y los intereses específicos de su comunidad. Esto permite centrarse en el aprendizaje uno a uno, lo que aumenta la relevancia y la aplicación práctica de los conceptos bíblicos en la vida diaria de los fieles.

b. Consolidación de conceptos: Al diseñar un currículo nuevo cada año, las iglesias tienen la oportunidad de revisar y reforzar los conceptos previos. Esto facilita la consolidación del conocimiento y promueve una comprensión más profunda y duradera de la Palabra de Dios, ya que los miembros tienen la oportunidad de revisar y aplicar repetidamente los principios clave a lo largo del tiempo.

c. Seguimiento del progreso espiritual: Al evaluar la información de lo que se enseñó en años anteriores, las iglesias pueden realizar un seguimiento del progreso espiritual de sus miembros y ajustar el currículo en consecuencia. Esto permite identificar áreas de fortaleza y áreas que requieren mayor atención, lo cual facilita el desarrollo integral de la comunidad religiosa.

d. Relevancia cultural y contextualización: Al diseñar un currículo nuevo cada año, las iglesias tienen la oportunidad de incorporar temas y enfoques relevantes para el contexto cultural y social en el que operan. Esto les permite abordar cuestiones contemporáneas y responder a las necesidades y desafíos específicos que enfrenta su comunidad. Esto aumenta la pertinencia y la aplicabilidad de las enseñanzas bíblicas.

e. Innovación y creatividad: Al renovar el currículo anualmente, las iglesias pueden fomentar la innovación y la creatividad en la enseñanza, lo que ayuda a mantener el interés y la participación de los miembros. Esto puede incluir el uso de nuevos métodos de enseñanza, recursos multimedia, actividades interactivas y enfoques pedagógicos que mantengan el aprendizaje fresco y dinámico.

Toda la Escritura es inspirada por Dios y es útil para enseñarnos lo que es verdad y para hacernos ver lo que está mal en nuestra vida. Nos corrige cuando estamos equivocados y nos enseña a hacer lo correcto. Dios la usa para preparar

y capacitar a su pueblo para que haga toda buena obra.
(2 Timoteo 3:16-17).

Como maestros debemos enseñar todo el consejo de Dios, no solo limitarlos a las historias que muchos de ellos ya conocen, porque llevamos enseñándolas todo el tiempo. No quiero decir que las historias bíblicas deban contarse una sola vez y para siempre. Es necesario presentar ese contenido, pero cada vez con mayor profundidad, de acuerdo con su crecimiento espiritual y madurez. Un niño o adolescente que ya ha escuchado ciertas lecciones debería pasar a un nivel de estudio y análisis mayor que cuando las estudió antes. Una vez que el estudiante logra dominar un contenido, debemos ser capaces de llevarlo a un nivel de conocimiento de Dios más profundo. Veamos lo que Pablo nos enseña en 1 Corintios 3:2:

Tuve que alimentarlos con leche, no con alimento sólido, porque no estaban preparados para algo más sustancioso. Y aún no están preparados.

Nuestra meta es llevar a nuestros estudiantes a comer el alimento sólido. Cuando un aprendiz comienza en los caminos de Dios, empezaremos con un conocimiento liviano, pero poco a poco debemos cambiar la leche por alimento sólido.

Pues la palabra de Dios es viva y poderosa. Es más cortante que cualquier espada de dos filos; penetra entre el alma y el espíritu, entre la articulación y la médula del hueso. Deja al descubierto nuestros pensamientos y deseos más íntimos. (Hebreos 4:12).

Si la Palabra de Dios es viva, ¿por qué nosotros como maestros no dejamos que esa palabra se vuelva una realidad en la vida nuestros estudiantes? Si la Palabra de Dios es viva, ¿por qué nosotros como maestros no dejamos que esa palabra se vuelva una realidad en la vida nuestros estudiantes? La Palabra puede enseñarles distintas verdades de acuerdo con el momento en el que ellos se encuentren.

Cuando la planificación anual contiene temas repetidos, los estudiantes se aburren y no le encuentran sentido o pertinencia a tener que asistir a clases. El exceso de repetición de los temas es un enemigo para la atención.

¿Qué podemos hacer para evitar la repetición de contenidos?

a. Preparar un currículo: no deberíamos esperar a la semana de la clase para planificar lo que vamos a enseñar. Lo ideal es que se prepare un currículo anual con las enseñanzas que se van a impartir durante el año o trimestre, como sea más fácil. Pueden consultar con el líder del ministerio o pastor. Es importante pensar en los temas generales de cada mes y luego preparar las clases poco a poco. Recordemos que las lecciones deben estar alineadas al nivel de comprensión de cada edad. En particular, recomiendo que sean los mismos temas para todos —niños, pre, adolescentes, jóvenes y adultos— y lo que se ajuste sea el nivel de profundidad para cada grupo. Debemos tener en cuenta la cultura, el nivel de conocimiento de la iglesia y las necesidades al momento de preparar las lecciones.

b. **Deja espacios para mensajes especiales:** hay momentos en los cuales se desea enseñar cosas particulares, debido a que ocurrió algo en la iglesia o la comunidad (por ejemplo, un desastre natural o la muerte de alguien conocido y amado por todos), o porque el Espíritu Santo nos está llevando a tocar ciertos temas. Podemos dejar espacios en los que sea posible integrar estos temas. Esta es una buena práctica en la planificación.

2. Las asignaturas o clases no se ajustan a la realidad de los estudiantes. ¿Las clases que diseñamos tienen una aplicación para nuestros estudiantes *ahora*, en esta etapa de sus vidas? No es tan importante que tengan un mensaje para cuando sean adultos, sino *para ahora*, que es cuando lo necesitan.

Muchas veces me doy cuenta de que mis estudiantes no entienden que su pecado sea lo suficientemente grave, debido a que se comparan con el pecado de muchos adultos o con lo que ven en la televisión. ¿Y por qué? Porque nunca les hemos enseñado la aplicación de la palabra de Dios *para ahora*.

No importa si estamos enseñando en la iglesia o en la escuela, lo que enseñamos tiene una aplicación para ahora; y debemos demostrarles a nuestros estudiantes cuál es.

El aprendizaje pertinente va más allá de una simple sección de aplicación en nuestras clases. El aprendizaje práctico es dirigir a los estudiantes a aplicar la enseñanza en el presente. No importa si estamos enseñando en la iglesia o en la escuela, lo que enseñamos tiene una aplicación para *ahora*; y debemos demostrarles a nuestros estudiantes cuál es.

El aprendizaje pertinente permite la permanencia del conocimiento a través del tiempo, porque el conocimiento se transforma en una habilidad que pueden usar en el presente, y así se convertirán en hombres y mujeres sabios. Así estarán listos para la venida del Señor.

En el reino de los cielos sucederá lo que les sucedió a las diez muchachas que tomaron sus lámparas y salieron a recibir al novio. Cinco de ellas fueron sabias y llenaron bien las lámparas de aceite, mientras que las otras cinco, insensatas, no lo hicieron. Como el novio se demoraba, todas se quedaron dormidas. Alrededor de la media noche un grito las despertó: "¡Allí viene el novio! ¡Salgan a recibirlo!". Las muchachas saltaron a arreglar las lámparas, y las cinco que casi no tenían aceite suplicaron a las otras que compartieran con ellas el que tenían, porque se les estaban apagando las lámparas. Las otras, las prudentes, respondieron: "No tenemos suficiente aceite para darles. Vayan a la tienda y compren". Así lo hicieron. Pero al regresar encontraron la puerta cerrada, pues el novio había llegado ya y había entrado a la boda con las muchachas que estaban listas con sus lámparas. "Señor, ábrenos", gritaron, tocando a la puerta, las que habían ido a comprar el aceite. Pero el novio les respondió: "¡No sé quiénes son ustedes! ¡Váyanse!". Por lo tanto, manténganse vigilantes, porque no saben cuándo ni a qué hora he de regresar (Mateo 25:1-13).

Este es tu llamado. Somos cristianos que Dios ha llamado a ser maestros. Nuestro trabajo como maestros del evangelio es llevar a nuestros estudiantes a la sabiduría para que ellos estén listos para recibir al novio, a nuestro Señor Jesucristo. Y vuelvo con esto y lo aclaro: no importa si eres docente en una escuela o solamente en la iglesia, este es tu llamado. Somos *cristianos* que Dios ha llamado a ser maestros.

SUBIR LA VARA

Confieso que este viaje, este estudio sobre la vida de Jesús, el mejor Maestro de la historia, me ha desafiado a analizar la forma en la que enseño y las razones por las que lo hago. Mientras pensaba en cómo terminar este libro, recordaba cada una de las palabras y enseñanzas adquiridas durante el camino.

La gente muchas veces nos ve, a los maestros o escritores, como personas que tenemos mucho conocimiento. Lo que ellos no saben es que este viaje lo hacemos junto con nuestros lectores y estudiantes. Los escritores también aprendemos de los propios libros que escribimos y muchas veces somos confrontados por ellos. Y aunque no me considero un mal maestro, este libro me acaba de subir la vara.

Los cristianos debemos cada día imitar a nuestro Maestro, Jesús, e incluir en nuestros ministerios de enseñanza las técnicas que Jesús modeló mientras estaba en la tierra.

Yo llegué a ser maestro por obra de Dios, se podría decir que mi preparación académica sucedió algo tarde, sin embargo, no fue un impedimento para que Dios me usara dentro del ministerio del magisterio. Comencé mi tiempo de maestro en la iglesia escuela que hoy dirijo junto a mi esposa, sin tener preparación académica en educación o pedagogía. Dios cambió mis planes durante los días que trabajé allí.

Hoy por hoy, al ver cómo Dios usó la escuela para alcanzar a niños, adolescentes y jóvenes para su Reino, pienso en todos estudiantes que han pasado por nuestras manos en estos diez años de ministerio, y me doy cuenta de que hemos sido bendecidos por el empeño de Dios en usarnos para esta tarea.

Si Dios te ha llamado a enseñar, te motivo a que lo hagas, hazlo con excelencia y verás como Él se encargará de hacer grandes cosas.

Mi deseo es que este libro te haya sacado de tu zona de comodidad y hayas entendido, así como yo, la responsabilidad que tenemos de hacer crecer a la comunidad de los santos (la iglesia), de enseñar todo el consejo bíblico siendo innovadores y siempre aplicando cada una de las enseñanzas de Jesús a la vida de nuestros estudiantes. Desde ya te agradezco porque sé que lo vas a intentar.

REFERENCIAS BIBLIOGRÁFICAS

Árbol ABC. (s.f). *La liebre y la tortuga*. Árbol ABC.com. Tomado el 23 de diciembre de 2023 de https://arbolabc.com/fabulas-para-ni%C3%B1os/la-tortuga-y-la-liebre

Castillero, O. (2017). ¿Qué es el pensamiento crítico y cómo desarrollarlo? *Psicología y Mente*.

Cox, L. G. (2009). JUSTO, JUSTICIA. En R. S. Taylor, J. K. Grider, W. H. Taylor, & E. R. González (Eds.), & E. Aparicio, J. Pacheco, & C. Sarmiento (Trads.), *Diccionario Teológico Beacon* (p. 386). Casa Nazarena de Publicaciones.

Díaz Jaime, K., Jaime Ojea, R.A., & Céspedes Acuña, E. (2023). Estudio Didáctico del Aprendizaje Pertinente en la Formación Inicial de los Profesionales de la Educación. *EduSol, 23* (82).

Espinar, I., Carrasco, J., Martínez, P., y García, A. (2003). Familias reconstituidas: Un estudio sobre las nuevas estructuras familiares. *Clínica y Salud, 14* (3).

Faithlife, LLC. (2024). Estudio bíblico Logos. Enciclopedia bíblica (Versión 31.3) [Programas de computadoras; Estudio bíblico Logos].

Flores, R., y Espinal, J. (2022). La pedagogía tecnicista, fundamentos y concepciones. *Revista EDUCA UMCH*, (20), 112=117. DOI: 10.35756/educaumch.202220.23

Galvis, S. (2017). La reflexión pedagógica a partir de las parábolas de Jesús: Una apuesta investigativa. *Corporación Universitaria de Dios, UNIMINUTO, Cuadernos de Teología, 9*(2). Doi: 10.22199/S07198175.2017.0002.00006

Guanotuna, G., Heredia, L., Cadena, S., & Caza, M. (2022). El aprendizaje asociativo-constructivo en el rendimiento académico de las matemáticas de la básica media. *Ciencia Latina: Revista científica multidisciplinar, 6*(6). DOI: 10.37811/cl_rcm.v6i6.4306

Gudiel, G. (2023). Las parábolas como estrategias de aprendizaje. [Trabajo de grado, Universidad Católica Sedes Sapiential].

La Universidad en Internet. (2021). Condicionamiento operante: El aprendizaje mediante asociaciones. *UNIR: La Universidad en Internet*. Recuperado el 27 de diciembre de 2023 en: https://www.unir.net/salud/revista/condicionamiento-operante/#:~:text=Defiende%20que%20si%20una%20conducta,negativas%2C%20la%20probabilidad%20ser%C3%A1%20menor.

Leys, Lucas. (2017). Liderazgo Generacional. *Editorial e625*.

Lucena Cayuela, N. (1997). Diccionario general de la lengua española *Vox* (Barcelona).

Mesa- Mejía, A. (2022). La enseñanza individualizada como una estrategia fundamental en el proceso de la lectoescritura de los niños de básica primaria del Colegio Alfred Binet y la Biblioteca Escolar de la UPB. [Trabajo de Grado, Tecnológico de Antioquía, Institución Universitaria].

Navajo, J. (2020). Cadáver de impecable apariencia. *Editorial Origen.*

Ortiz, F. (2017). Cada joven necesita un mentor. *Editorial e625.*

Oller Girona, S. (2023). Más laicos desde la pandemia. *La Vanguardia.* *https://www.lavanguardia.com/vida/20230402/8871494/mas-laicos-desde-la-pandemia.html*

Regader, B. (2015). La teoría de las inteligencias múltiples de Gardner. *Psicología y Mente.* https://psicologiaymente.com/inteligencia/teoria-inteligencias-multiples-gardner

Rodríguez - Rey, R., Cantero - García, M. (2020). Albert Bandura: Impacto en la educación de la teoría cognitiva social del aprendizaje. *Padres y Maestros,* (384). https://revistas.comillas.edu/index.php/padresymaestros/article/view/15086/13481

Romero-García, C., López-Sastre, A., Parra-González, M.E., & Segura-Robles, A. (2023). Personalizando el aprendizaje de las matemáticas con el modelo flipped learning. *Campus Virtuales, 12* (1), 66-77. DOI: 10.54988.cv.2023.1.1072

Universia. (2020). Estudiantes: 10 métodos de estudio para retener lo aprendido. *Universia.net.* Recuperado el 20 de febrero de 2024 de https://www.universia.net/ar/actualidad/orientacion-academica/estudiantes-10-metodos-estudio-retener-lo-aprendido-1147605.html

NOTAS

NOTAS

NOTAS

NOTAS

ALGUNAS PREGUNTAS QUE DEBES RESPONDER:

¿QUIÉN ESTÁ DETRÁS DE ESTE LIBRO?

Especialidades 625 es un equipo de pastores y siervos de distintos países, distintas denominaciones, distintos tamaños y estilos de iglesia que amamos a Cristo y a las nuevas generaciones.

e625.com

¿DE QUÉ SE TRATA E625.COM?

Nuestra pasión es ayudar a las familias y a las iglesias en Iberoamérica a encontrar buenos materiales y recursos para el discipulado de las nuevas generaciones y por eso nuestra página web sirve a padres, pastores, maestros y líderes en general los 365 días del año a través de **www.e625.com** con recursos gratis.

ZONA DE CONTENIDO
PREMIUM

¿QUÉ ES EL SERVICIO PREMIUM?

Además de reflexiones y materiales cortos gratis, tenemos un servicio de lecciones, series, investigaciones, libros online y recursos audiovisuales para facilitar tu tarea. Tu iglesia puede acceder con una suscripción mensual a este servicio por congregación que les permite a todos los líderes de una iglesia local, descargar materiales para compartir en equipo y hacer las copias necesarias que encuentren pertinentes para las distintas actividades de la congregación o sus familias.

¿PUEDO EQUIPARME CON USTEDES?

Sería un privilegio ayudarte y con ese objetivo existen nuestros eventos y nuestras posibilidades de educación formal. Visita **www.e625.com/Eventos** para enterarte de nuestros seminarios y convocatorias e ingresa a **www.institutoE625.com** para conocer los cursos online que ofrece el Instituto E 6.25

¿QUIERES ACTUALIZACIÓN CONTINUA?

Regístrate ya mismo a los updates de **e625.com** según sea tu arena de trabajo: Niños - Preadolescentes - Adolescentes - Jóvenes.

¡APRENDAMOS JUNTOS!

e625.com   ⊚ ⓕ ⓓ ♪ 𝕏 **/e625COM**

CAPACITACIÓN Y ACTUALIZACIÓN MINISTERIAL ONLINE DE NIVEL UNIVERSITARIO

SIGAMOS
CRECIENDO
JUNTOS

**WWW.
INSTITUTOℯ625.
COM**

¡SUSCRIBE A TU MINISTERIO PARA DESCARGAR LOS MEJORES RECURSOS PARA EL DISCIPULADO DE LAS NUEVAS GENERACIONES!

Lecciones, bosquejos, libros, revistas,
videos, investigaciones y mucho más

e625.com/premium

Sigue en todas tus redes a:

/e625COM

SÉ PARTE DE LA MAYOR COMUNIDAD DE EDUCADORES CRISTIANOS

Suscripción de **materiales premium** para iglesias

Recursos gratis

Tienda con envíos internacionales

Chat en tiempo real

Revista Líder 6.25

Educación online **www.institutoe625.com**

Eventos de **actualización** ministerial

Seminarios para iglesias locales

Libros Online

e625.com
TE AYUDA
TODO EL AÑO